我的青春我的梦

全国中学生校园美文精品集萃丛书

璧月长圆，凉风自好，依约又到来时

一直等风来，等风也等你

《中学生博览》杂志社 选编

时代文艺出版社

图书在版编目（CIP）数据

一直等风来，等风也等你/《中学生博览》杂志社选编．—长春：时代文艺出版社，
2018.8（2023.6重印）
（"我的青春我的梦"全国中学生校园美文精品集萃丛书）

ISBN 978-7-5387-5765-1

Ⅰ.①—… Ⅱ.①中… Ⅲ.①作文－中学－选集 Ⅳ.①H194.5

中国版本图书馆CIP数据核字（2018）第003492号

出 品 人　陈　琛
产品总监　郭力家
责任编辑　曾艳纯
装帧设计　李　斌
排版制作　隋淑凤

一直等风来，等风也等你

《中学生博览》杂志社　选编

出版发行/时代文艺出版社
地址/长春市福祉大路5788号　龙腾国际大厦A座15层　邮编/130118
总编办　0431-81629751　发行部　0431-81629758
官方微博/weibo.com/tlapress
印刷/北京一鑫印务有限责任公司
开本/700mm×980mm　1/16　字数/153千字　印张/11
版次/2018年8月第1版　印次/2023年6月第5次印刷　定价/34.80元

图书如有印装错误　请寄回印厂调换

编 委 会

目 录

你是我对待过的最认真的时光

221B

不是每个大雄都能遇见哆啦 A 梦

我不再追逐别人的光芒

那时候我多喜欢你

　　直到现在我还是没有再见到他，他就像是星际的流星，从我的生命中滑落离去，我记着那闪烁的光辉，心底有蔓延而上的悲伤；我想我会永远记得他，也许他很冷淡，可仍是我心里无以忘怀的忧郁少年。

那时候我多喜欢你

沧　陌

1

从始至终，我都无法忘记你。

你就是一根刺，狠狠地在我心上扎了一个又一个洞，血流如注。

很久的一段时间，我没有再见你，却突然在梦里遇见你，还是那张淡漠忧郁的脸，褪去了稚气青涩。我流着泪，很艰难地醒来，头痛欲裂。

我和你变得逐渐陌生时正值2月，冬末的寒气浓郁得化不开，我们在情人节的夜晚和平分手。

隔着手机，你无奈而平淡："我们，就这样吧！"

"好！晚安！"我平静地笑着答应，眼泪却极度不听话地落下，我极力忍着，即使明白你怎么也看不见。

那时我怀里还抱着一桶康师傅红烧牛肉面，保持着微笑。我坐在雨中吃完了那桶面，记不得它的味道了，心却是绞碎般的疼。

于是，我发烧加肠胃炎，在医院待了一个星期，很痛苦，却也有莫名的放松，因为你不会看到我颓靡不振的模样。

出院那天，天很蓝很澄净，用手挡住刺眼的阳光，从指缝中看见了你，那时我的身体还有点儿虚弱，脸色还很苍白，我匆忙逃开，不确定你是否看见了我。

我只想纯粹地要保持自己在你心里坚强的形象，不曾想过，执念成伤。

2

之后在学校，我一见你就躲。死党兰山看不下去，拉住我劈头盖脸地骂："罗宛零你现在就是个逃兵知道吗？为什么要躲？又不是你的错，凭什么他可以不在乎，可以照样生活得有滋有味，而你要这样狼狈？你真让我看不起，我鄙视你！"

我无言，看到你的尴尬，觉得可笑，你连一点点的担忧都没有，你的眼神，让我感到我是如此自作多情。仓皇逃开，这一次，我依旧当了逃兵，依旧是狼狈地逃离你，作为一个天生的Loser。

兰山说得对，我是逃兵，在你面前，我永远是低姿态。

我很难过，可是你并不在乎。

3

没想到，你居然主动来找我。

那时我坐在窗口对着遥远的天空发呆，你走过来，敲窗，吓到了我。

我非常不情愿接受你的邀约，可我还是跟你走了，在讲台上写字的兰山狠狠地喊："韦俊司你个天杀的混蛋，敢把宛零弄哭我就剐了你！"

你带我来到初次跟我告白的围墙边，触景生情，我咬牙差点儿没流泪，你真是狠毒，分手了还偏要在同一个地方辗转纠缠。

"没事吧？"你开口问。

"嗯？"

"就上一次，我都看见了。"你的表情仍是尴尬。

我说："没事，不过闹了个玩笑。"

其实，那件事让我和兰山冷战了好几天，我不告诉你，是怕你有负罪感。

你沉默，我也沉默，气氛压抑得让人感到窒息。我打算开口say goodbye！

"让你难过，我非常抱歉。"你趴在围墙边，忧伤地启唇，"我以为我们会像约定的那样一直在一起，可是不知道为什么，没有了之前的那种热烈，没有能力给你幸福，只能选择放弃……"

"对不起，我不能再爱你。"

你这样说，眼眸里是我不敢看的深沉和惆怅。

4

原来如此，当热情已冷却，连喜欢都成了奢侈品，放弃即是消弭。

跳到墙上坐着，我轻舒了一口气："我知道时光太轻易把人抛弃，淡了就淡了，反正，本就没有那么长的永远。"

我侧过头假装吹风，眼睛酸涩内心苦楚。调整好表情，我转过头，正好对上你的眼眸，忧伤悲凉，无可奈何。

我摇晃着脚，在月光清冷的照射下试图掩饰我内心的疼痛不安。恍然之间有了一个念想，我俯下身想像以前那样轻抚你的脸，你却蓦地踮起脚尖，先一步抱住了我，措手不及，终究还是没能止住掉落的眼泪。

"宛零，你记得不要难过，我不值得你为我难过。"久违的你的话语。我点头回应，竟然有些安然。

你放开我，转身就走，仿佛生离死别的剧情，悲伤得叫人心泛哀愁。我预感我们不会再有交集，那种恐惧像是梦魇，折磨着我脆弱敏感的神经。

"放心，我没关系。"我冲你喊，笑着哭了，你背对着我挥挥手，没有停留，没有说再见。

我也没有说，因为我们再也不会相遇在同一个围墙边，勾勾手指约定给对方爱。

5

听说你因为压力大得间歇性失忆时，天空很蓝很澄净。

于是，我开始讨厌艳阳天。

假装无所谓，还是小心翼翼地询问关于你的病情，直到我上网重加了你，你的回复让我心如死灰，你问我是谁？我说我是罗宛零。你说不认识，你到底是谁？

语气何其冷漠，我很伤心，才知道你中途休学的原因。

我告诉自己不去想太多，反正我一直希望你忘了我，因为最不想你还记得我的愚笨无知。可是真的遗忘之后，我又很难过，因为你不再记得我们曾经些许的美好。

我花了很久的时间才从你失忆的阴影中走出来。兰山还是骂我，说我傻，觉得我放下你是骗人的。我坚决否认，我不想一再提醒自己心里还有你，我知道这很自欺欺人，但是我心甘情愿。

我只愿你不要和我一样孤单。

6

听说你回来了，重振旗鼓，收拾好满心的伤回归校园生活。

该怎么形容我的心情呢——激动？喜悦？担心？害怕？哀愁？

我在熙攘的人群中寻找你，一次一次，没有，没有，没有……

突兀涌上的失落沉重地压着我，我木讷地立在人群中，孤独无助，很想哭，找不到你，我没办法做到不难过。

在眺望远方的时候，我看见了一抹耀眼的红，想起你穿红色卫衣的样子，我认为你穿红色的衣服最好看，你也是穿红色的衣服最好看的少年，淡然而温暖。

你不在我寻找的人群里，我便明白你不再属于我的世界，或许你在另一个人群里，已经找到了另一个在寻找你的人。

我不再企图寻找你，我们早已陌路，相见不过是留恋一刹那的芳华。

你和我不一样，你是注定要飞向彼端的鸿雁，而我注定生活在自己的小圈子里，趋于平静。

我们，注定咫尺天涯。

后　记

直到现在我还是没有再见到他，他就像是星际的流星，从我的生命中滑落离去，我记着那闪烁的光辉，心底有蔓延而上的悲伤；我想我会永远记得他，也许他很冷淡，可仍是我心里无以忘怀的忧郁少年。

少年已远行

林璟言

午后慵懒的气息蔓延，炙热的光透过玻璃洒在你安然沉睡的面容上，密长的睫毛在眼睑处投成一片阴影。你好看的眉头微皱，狭长的丹凤眼极不情愿地睁开。

考试一百二十分钟，全程你整整睡了一百零四分五十九秒，整理些许凌乱的头发，你扫了一眼我填满答案的试卷和密密麻麻的稿纸，随即提笔在你滴墨不沾的稿纸上挥动。提笔，轻敲桌子，示意。我微偏头，娟秀的钢笔字映入眼帘。

可以帮我写卷子吗？

我轻语："我不一定会写啊。"

你浅浅一笑，眼角的泪痣牵动："你写你会的。"

我愣了许久，点头，将试卷与你调换。用剩下的十三分钟胡乱写了很多题。后来再遇见，最后成绩我没有勇气问你。

那时，你高二，我高一。我是中上水平的小学霸，你是下下水平的大学渣。至此之后学校按成绩分考场，我在头你在尾，始终不在同一考场。

你在一栋三楼右数第二间，我在三栋五楼右数第一间，我的位置与你的位置直线距离一百零三米。曾听人说：如果用一支笔将喜欢的人的名字写至墨尽，那个人便会喜欢上你。我墨尽三支笔外加写弯一支钢笔，写你名字千百遍，怎还不见你对我回眸一笑？

事实只是我太天真！

高二会考，公告栏公布考场学生名单，你的相片显眼地掺杂在其中。相片上的你容颜干净清秀，丹凤眼角的泪痣小小地隐藏，很是好看。想自私地将其占为己有，玻璃门却将其牢牢锁住。

上帝眷顾，无意间发现考场门外贴有学生名单，怀着愉悦心情前往公告栏探你考场序号，不料才开考三天名单就被大换血，昔日名单不见踪影。心怀不甘地爬楼梯回教室，路过二楼考场区，看见你沉睡容颜，窃喜。

当日上完晚自习，待同学们全部离去，迫不及待趁着月黑风高偷偷摸摸地前往二楼，灯坏未修，正合我意。靠着手机屏幕的微弱亮光撕下名单，快步离去。夜半门缝月光映你一脸无害之容。

这是我拥有的你的第一张相片。

后来夸张得离谱，一遇到你就立按快拍，放肆地拍到手机显示内存不足，然后拿去洗，骗洗相片的师傅说你是我男朋友。见他脸上表情变得异常凝重，心中一惊，他若认识你可怎么办？

课外活动，你一身休闲运动装驾临球场，精湛球技在运、防、投间展现。微风拂起你细碎的头发，三分线外，狭长丹凤眼瞄准篮筐，角度不偏不倚，适中力度，轻轻一跃，在空中划过一道靓丽弧度，起始于你掌中终止于篮筐中，落日余晖镀你一脸安然美好，只见你笑如三月春风。

在你看不见的角落，我手握单反三百六十度拍摄，小小屏幕承载的都是你。赛终、人散、场空。你抬步而去，直至背影在远端化成一个小点，我转身离去。

短暂青春里的美好记忆，幸而我拥有独属于它的印记。

清晨六楼观望，你一米八七的身影在跑道上渐行渐远，天初微明衬着你模糊的身影，漫天白光映着你清晰的轮廓。

追随你两年，待我将洗出的全部相片分类装册，你已高考完毕业离校。整个校园关于你的一切都销声匿迹，食堂里你常坐的靠窗位置，早已换作他人，再无你的身影。

翻开相册，目光定格在相片里站在阳光下的少年。少年眉角笑意盎然，眼角泪痣牵动，侧脸别过，对着身旁的同伴说："我喜欢阳光照在身上温暖的感觉。"

高三开学之际，我曾邮寄过你的照片副本，收信人地址我写了一个很远很远的地方。那里冬日银装素裹，夏日骄阳似火，或许一年后，那里还有喜欢你的我！

我想，高考后的你抑或大学逍遥，抑或社会生存，幸福快乐，便好！

你有你的前方，我有我的美好

夏南年

不乏有好友问我，理想中的男生是怎样的，除了肤色和不夸张的身材，我天真地说，不要优秀的。为什么呢？

十六岁的我骨子里满是浪漫的因子。学渣和学渣在一起可以陪伴着被罚站，牵手逃课去大街小巷一直逛到夕阳西下，阳光每洒落一次，便是一张生动幸福的照片，只是幻想都觉得美好。

而我敢于挑战。遇到Z君的那一年，我刚满十六岁，从此明白这世间的温暖有亿万种。

1

学渣和学霸的差距，绝对不是靠想象就能明白的，但那却是Z君给我温暖的另一种方式。

高二第一次月考成绩出来时，我清楚地记得，那是我一直以来成绩最差的一次，在实验班里倒数。那时我和Z君刚刚走到一起，他有事不在教室，等回来时班主任已经等在教室里开始晚自习。

我低着头一直不愿意看他，但很清楚他会时不时关切地望我一眼，我承认我很容易被自尊心打败，那次考试Z君在年级的排名比我在班级里的还要靠前，最前和最后的距离在我眼中就像太阳和月亮，那么遥远，一想起眼睛就忍不住湿润。

但，所有的难过却都在打开Z君像以往一样传来数学作业时消失了。

作业里没有一句安慰的话，每一题旁却都是铅笔细细的小字写着的详细的解题过程和思路，偶尔还有一两个小笑脸望着我。我破涕为笑，嘴角酿起的笑容怎么都消散不去。

后来Z君说："本来想放学的时候安慰你的，结果看你也没有那么难过。"我笑着不说话，心里只有一句诗。

斯人若彩虹，遇上方知有。

学霸在身边的日子特别美好。午后日光橙黄明朗的时刻，Z君细细给我讲题，冰凉的指尖触碰到他掌心时，温暖直抵心里；Z君每天会给我买早餐；偶尔晚上还充当我的MP3发来一段段语音给我唱歌，最后互道晚安，像所有小说里那样，我听着喜欢的人的声音入眠。

2

那一年满大街都是王菲和陈奕迅唱的《因为爱情》，因为爱情，怎么会有悲伤，所以我们都是幸福的模样。优雅幸福到了心里，但是王菲也唱过，谁把往事思量，笑时泪半行。

我和Z君有了分歧。

数不清是第几次月考，上午高一考试高二放假，我开电脑尝试写杂志的一个栏目，Z君发来消息，问我怎么不复习。

我刚解释完我有事情，他就噼里啪啦说了好多话。Z君说："我希望你好，不是说你好好地坐在那里，而是你去努力。"阳光在窗外爆裂开焦躁的气息，我想我们之间的距离无论如何也填补不了，就像太阳把光芒全都给了月亮后，那也不是月亮靠自己在美好发光。

然而这只是故事的开始。

潜移默化的破碎是最无法弥补的，12月的天空深沉却依然漂亮，而我们之间的话题却变得越来越少。

Z君问我有没有背历史，我纳闷地说老师又不提问我我为什么要背，于是话题在瞬间终止；我看完一篇感动得想哭的文，惊喜之余想想Z君不感兴趣便只字不提。我们开始默契地很少找对方，在一起也越来越忙，却单纯地以为，有些事不说出来就会像泡沫消散。

最后一次和Z君出去玩是情人节。街道上花香四溢，车如流水马如龙，同学说把电影票让给我们，我像所有的小女生那样兴致勃勃跟他提起那个爱情片，感觉到他不想看又立刻改口。

后来我一个人在家里看完了那部电影，激动地截图发动态，之后找Z君聊天，他的语气里竟带着不耐烦。

Z君说，我们之间有很多不合适的地方，以前他以为能弥补，后来才发现跟他想象的不一样，大概再也没办法破镜重圆。从最小的事情开始，Z君说，那天找他他心情特别不好，因为他觉得那样的电影根本没有一点儿看点。

Z君问我："你知道为什么那天我带你看《饥饿游戏》吗？"我想说其实科幻片也挺不错的，看浅显的爱情片只是憧憬一份美好。无言以对的是，那天Z君带我看美国大片的事情，我不是没跟好友念叨过。那些细微的心事在空气中蒸发了温暖，留下了太多空白。

我终于明白，学霸和学渣终究是一道已经触碰过的相交线，总会越走越远。

3

我们理所当然地分开，偶尔在回忆里缅怀。不是学霸和学渣只有开始的温柔却没有以后，只是心里最终的路都不相同。

这几日我都和Z君坐在同一班车上，就突然想起我们的那场爱恋。说没有遗憾是不可能的，以往每次说好一起走，都被各种各样的原因打破，反而是后来形同陌路时却经常乘着同一班车。

下车时习惯性地往后望了一眼，透过他身边的车窗依稀看见外面日光倾城。

每一次爱恋里总有收获，更何况是学霸和学渣之间的对话。我还记得Z君给我讲题目时阳光落在桌面和他身上的模样，也记得那天喊他时他朝我缓缓走来时眉眼含光。

我想最好的爱恋就是这样，即使距离很长，即使没有完美的结局，我依然不悲伤，只记得当年的美好。Z君，我希望你也这样。

那时候我多喜欢你

一直等风来，等风也等你

夏南年

清晨时分从浅梦中醒来，窗外雨声浩大如一班温柔的戏，我看了一眼床头上的手表，四点三十五分，这是这么久来，第一次在这个时间安静地醒来。

阴天没有斗转星移的流光溢彩，清风伴着楼下泥土的清香从窗缝边走进，弥漫开来。我的心里突然飘出了一句话：一直等风来，等风也等你。

我一直是个记性不好却极容易记住很多细节的人，我想在之后的很长一段时间里，都很难再忘记你问我的话了，从我生命初始至现在，即便我跟很多人或激动或平静地说过我那个表面看似平静的家里的种种，也再没有第二个人问起过，他们大多是安慰，说要抱抱我，要学会原宥，跟你正好相反。

时间稍稍倒退回昨天中午，出着明亮太阳的天空下着淅淅沥沥的小雨，画面像极了林白诗里的描写，我们面对面坐在一家米线店里，等待上餐的时候闲聊。

你说你现在不喜欢跟你妈出去了，然后说了一个极其随便的理由。

"我也不喜欢跟我妈出门，我们只要待在一起就吵架，在大街上丢人，还不如回家吵。"我笑，就这么顺口说道。

下一秒你问我："你天天在家都是怎么过的啊？"语气里略带一丝说不出的感觉。

我在心里顿了一下，故作镇定又轻描淡写地回答："就这么过呀。"说完，我悄悄望了你一眼，你的表情和我的一样没有波澜。

我说的是真的，毕竟我最喜欢的作家独木舟说过："反正我知道，生活是怎样过来的，便会怎样延续下去。"更何况，即便我大部分时间生活得小心翼翼、举步维艰，你也从不愿意陪在我身边，替我劈荆斩棘开辟那条我要一个人闯完的路。

可是我还是喜欢你啊，即便我已经不会像几个星期前那样把喜欢挂在嘴边逗你，但它还是无关风月的美好存在。

最近陆陆续续有一些陌生人加我的号，距离最近一个告诉我很喜欢我QQ名的人加我大概将近一个月之久。那个女生对我说："在编辑空间看到你的QQ名，很喜欢就想加你。"

"这是一部电影的名字啊，很赞的电影哦。"我激动地说。

"可是真的只是因为它是电影的名字吗？"那个女生固执地问。我犹豫了一下，终于还是诚实地告诉她，不是的。

用这个QQ名的时候正值盛夏，我第二次收到过稿消息的时候，在异乡打开QQ的那一瞬间欢喜得全然忘记了旅途中的疲惫，我想起《等风来》中的台词，决定换成这个网名，一直一直等风来，直到我在文字里开辟自己的世界，直到我终于遇见一个人，无论如何不愿意放开我手的人。

而近两年里，我真的开始真情地演绎文字，让自己的名字越来越频繁地出现在一些杂志上。可是未来还有那么远，我还要很努力很努力地走，一边不回头地向前奔跑，一边不能让自己忘记。

不能忘了为了上专业课连续几天用手机补电影、分析视听语言和人物关系到凌晨三四点钟，早上六点整起床的疲惫；不能忘了初中时英语老师带着不屑地说"你要是能发表、不白写你就可以写"时的无助；不能忘了在一条温暖的路上被一个人抛弃，走进四下无人的街时的冷寂与害怕，它们都曾属于我，但也都是加上ed的过去式，我愿意相信未来的日子会一天比一天好下去。

一直等风来，等风也等你。

昨天中午吃完饭后，我们一起去鬼屋，原本只是想一只手拽着你的想法在我走进去的那一瞬间直接破灭，在我被那些假扮成鬼的人连续拍了几下、叫了几声后，你干脆把我搂在了怀里，说："这样可以了吧，别怕。"

我不知道，当时的自己是因为害怕想离开鬼屋的心情迫切一点儿，还是留恋在你怀里安稳踏实的感觉想在鬼屋待得久一些的心情多一点儿。

出来后我跟你念叨了好几遍我们走得太快了，其实只是想念靠在你身上时可以卸下所有防备的心情，即便我知道之后再不会有这样的机会，和你在一起的每一段时光，都是不可复制的绝版。

在我十二三岁的时候，我只想一直闯一直跑，义无反顾哪怕头破血流，而现在，我最想的是有个人能够伴我左右，陪我天涯海角去走走，让我哭让我笑，让我痛让我爱。

昨晚看着问惟念姐要来的那篇《你是比我理想美好千万倍的存在》，循环播放大冰的《陪我到可可西里去看海》一直到梦乡，大冰温和的声音唱："陪我到可可西里看一看海，不要未来，只要你来……"

其实你从来不是比我的理想美好千万倍的存在，只是完完整整像我理想一般的存在。如果你想来，我随时都可以伴你左右，听你的心事，收藏你的故事。

反正我一直都在这里，等风也等你，等梦想发光，等有个人牵我的手带我坚定地前行。

相逢酩酊醉

蒋一初

我的母校明明是市里最好的初中，却叫第四中学，我一直不怎么明白。

2008年是太令人震撼的一年。南方百年一遇的暴雪阻碍千万人回家过年，北京奥运会让中国跃上了金牌榜首位，国办下发"限塑令"后太多人手里多了布袋子……那时候的我还不清楚哪个季风、哪里的气压带让南方风雪肆虐，也不知道北京奥运会之于咱们国家的意义有多大，更不晓得大Boss们为什么不让我们免费用塑料袋了。我的小小生活只在四中，在这个全中国都在忙国家大事的一年，我背着书包从四中的这头走到那头，像是全世界都没我匆忙。很多年以后我笑以前的自己无知又自大，却没想到有一群人非常认可以前的我，因为他们比我还要记得那段时光。

坤坤的名字和我一样，我们同桌的时候，每次有同学叫"坤坤"我们都会同时回头，搞得大家都一脸尴尬，但下一秒又都齐声笑出来。再后来，数学老师想了一个好办法区分我们两个：叫我"小坤"，叫他"坤坤"。

坤坤是个可爱的男孩子，刚刚认识他的时候他还没我高，我总爱嘲笑他的身高，他也总是好脾气地说："我以后会长高的！"那时候我从来不会照顾到坤坤男性的自尊心，总爱摸他的头，居高临下地看着他笑。坤坤从来不会介意，他跟在大个子后面打篮球，虽然每次都只能捕捉到篮球带起的灰尘。坤坤站在阳光下影子残缺，因为他的影子早就被高大的男生们盖住了，或者说，他们挡住了坤坤的光芒。

这样的次数多了，坤坤再不对篮球感兴趣，体育课时他经常无聊到蹲在沙坑边刨沙子。看到这样的坤坤我才有些觉悟，我是不是不应该嘲笑他的身高？

又一次排座位，坤坤坐到我后面去了，同桌是佳。与佳同桌时我正对着数学成绩焦头烂额，而佳的数学成绩一直名列前茅，其实不止数学，她门门功课都是优秀的。我原本抱着希望，希望让佳辅导我的数学，让我的数学成绩从D到A，可是看到佳上课时的状态我就亲手把希望掐死了。

上课时佳喜欢玩手指、玩文具，找课本里奇奇怪怪搞笑的插图逗我笑。刚开始我不能理解，甚至有些讨厌佳。她一定是在家偷偷学习，然后上课的时候捣蛋，想害我的数学越来越差。我一心想着数学，希望能进步，但是日子久了，数学越来越难，我就慢慢放弃了。

直到我知道佳从来没有竭力地学过数学，我开始对这个女生产生好感，或者说是敬佩。佳跟我说，学数学要的就是兴趣嘛，这种东西看上去在生活中没什么用处，但是喜欢就会觉得很有用处，喜欢就会学好。

喜欢是个太抽象也太暧昧的词，我从来不知道这种对数学的"喜欢"是什么样子的。班上数学很牛的同学都是埋着头做题，愁眉苦脸的，不见得喜欢。直到我看到佳带给我看的《数学金刊》。佳每个月的期待就是《数学金刊》，她喜欢钻研那上面新颖、古怪的数学题，她觉得那是挑战脑细胞最好的方法。这种头脑风暴不是每个人都可以接受的，比如我。

后来我再也没有问过佳学习数学的方法，我不喜欢数学，我没有办法学好，这没什么好埋怨的。

我欣赏佳的另外一个原因——她不完全是个理科女，佳喜欢写一些甜腻的故事，满满的全是小女生的心思。佳悄悄地告诉我，她喜欢小眼睛的男生。比如我们班的D，隔壁班的L，高年级的H，外校的S……细细地一数，竟然有十三个！

我说："你怎么这么花心？"

佳说："小眼睛的我都喜欢嘛。"

我仍然记得佳说完这句话时眼中泛起的羞怯，嫣红爬上脸蛋，可爱极了。佳的喜欢纯粹到极致，阳光照上去都没有一块斑驳。

坤坤的同桌是乌龟，坐在佳的后面。

四人一个小组，上课时老师经常要我们在小组内讨论问题。我们三个很吵，经常叽叽喳喳说个没完，乌龟在我们中间显得太突兀。

初次相识我不是很喜欢乌龟，他是个很闷的人，而我又太聒噪。

坤坤做事情不经过大脑的思考，经常在乌龟紧锁眉头在题海中挣扎的时候打扰他。然后我会听见乌龟"嘶——"的一声，吓得坤坤赶紧转过头盯着课本看，时不时用余光瞄乌龟，看他有没有消气。佳会有意无意地套乌龟的话，看看他喜欢的到底是班长还是学习委员。每次快要问出来的时候，乌龟凌厉的目光都会刺向佳，佳装作若无其事，其实心里怕得要死。那时候我们都有点儿畏惧乌龟，觉得他像一块古板的木头。

可哪有燃烧不尽的木头呢？

在我们一次又一次小心翼翼的试探后，乌龟的话多了起来。我们便肆无忌惮地调侃乌龟，厚着脸皮去贴乌龟的冷屁股，在暗地里相互鼓劲——一定要问出乌龟喜欢的女生是谁！

乌龟喜欢班长！

坤坤一遍又一遍地跟我们说这句话，还有一句说得比这句话还多："你们千万别让乌龟知道是我告诉你们的！"

乌龟当然知道是坤坤说的了，因为他只对坤坤说过。乌龟很坦然，因为班长是最优秀的女生，所以他喜欢班长，理由简单又现实，我们一度接受不了，都说问了还不如不问，让我们自己瞎猜才浪漫。

我们成立了四人组，因为关系太好经常被老白叫去办公室谈话。老白是我的初中班主任，教学严谨、治班变态。

老白不能阻挡我们。很多人都说，四人组只能构成矩形，没有铁三角坚固。我们却一直觉得那是个天大的笑话。我们四个人从没有闹过别扭，从不会跟对方红脸。

毕业了，我们从母校走出来，再也进不去。

保安叔叔说我们是闲杂人等了，老白说她没时间接我们进四中逛逛了，跟我握过手的校长伯伯不记得我是谁了。

再一转眼，我们又都毕业了。上大学了，我们连路过四中都没有机会了，我们连见对方一面都变得格外困难。

过去的时光不再像凝固的水晶，它正在空气中慢慢地消散，不过我永远永远记得母校里的时光，记得母校里的四人组。

打了个喷嚏，不知道是不是他们三个想我了？

一定是的。

陌上花开缓缓归

葛琅歌

我和阿莫的情分来得特别，因为刚开始我们颇似冤家。

那时刚上初中，他还是一个圆溜溜的小胖子，脸上的肉清晰可捏，眼睛小小的，有一次在课堂上埋着半边脸偷笑，被生物老师一个粉笔头扔过来说，不要睡觉！顿时哄堂大笑。

我也不知道为什么那时我们会有那么多矛盾，我们是前后桌，"战争"的起源都是一些小事，无非是抢占位置时互相叫嚷着让对方挪挪。女生的战斗力永远都很强，每次都是我胜利占领能躺下一个人的位置，而他挤得前胸贴前桌后背贴后桌，然后愤愤地说，真烦！我还总是嘲笑他胖，说他妈妈养大他真不容易，不知道浪费了多少米粮。或者是他掉了东西也不帮捡，任他叫得歇斯底里也装作听不到。

后来他实在忍受不了我的蛮横霸道，找老师调了位置远远地离开了我。我有点儿忧伤地开始反思自己过往的行为，于是便怀着一颗赤诚之心跑到小卖部买了一支糖，并附着"对不起"字样的纸条，在某个月黑风高寂寥无人的晚自习下课，偷偷地塞进他的抽屉里。时过几天，他看我的眼神终于不再那么苦大仇深了，我们的关系慢慢地缓和。我在心里暗喜，男生都是那么好哄，一支糖就搞定了。

相安无事地过了初一，初二的时候分了班，我和阿莫又分在同一班级里，新班主任不知我们过往的恩怨，又恰巧地把我们分成了前后桌。

经过一年大家都懂事了不少，对待别人多了几分尊重和宽容。两个人再没有了以前的剑拔弩张，聊起天来也是极为融洽，那种酒逢知己千杯少的默契，恨不得就要对着窗外的一轮皎洁的明月结拜兄弟！

虽然如此，但这家伙又欠揍得要命。那次物理课，我以一手撑脸的姿势睡得醉生梦死，忽然惊觉脸上一阵冰凉，吓得猛然坐起，睁开眼睛却看到阿莫手里正拿着一瓶冒着白烟凉得快要结冰的怡宝。我摸了摸脸颊，一片潮湿，顿时恨得咬碎了牙齿。阿莫笑得一脸无辜，用温柔得快要滴出水来的声音说着，我怕你再睡下去考试就要挂了，我是为你好。说完还用他修长的手指拧开瓶盖，轻轻地抿了一口，看着他滚动的喉结，我竟无奈得说不出话来。为什么事情会变成这样，明明当初都是我欺负他的，角色对调得我好不习惯。

如果不是某天某个隔壁班的怀春少女叫我出去含情脉脉地问着阿莫喜欢什么样的女生，我都没有发现这个昔日的小胖子已经在不知不觉间长成了翩翩少年了。我含糊地搪塞着，应该是温柔、文静、端庄的吧。

送走少女后我回到座位上，抬头瞥了一眼正在卖力吃东西的阿莫，彼时他已经长高了很多，鼻梁高挺，笑容明亮，脸上圆润的曲线早已拉长，托着黑色的镜框颇有几分书生气。我暗暗叹了口气，只是可惜，眼睛依然很小！

阿莫迷恋上张之若是在初三的时候，她穿着一袭白裙款款而来，步步生莲的优雅瞬间俘虏了阿莫一颗少男心。阿莫开始追随女神的脚步，课间总是摇着我的桌子，用这种一点儿也不温柔的手段把我弄醒，然后一脸打怪升级的激动问我借水卡，说要和女神"偶遇"。我在心中默默地咒骂了一千句才缓缓地从抽屉里把水卡摸出来，于是便造成了他和女神的无数次擦肩而过。阿莫总是用幽怨的眼神望着我，到了后来直接收藏了我的水卡并自觉承担起替我打水的义务。

说起我和他最大的缘分就是初中三年我们都在同一个班，并且毫无例外地都会有一段时间是前后桌。这个明明比我高了不止一两截的阿莫又仗着近视的原因坐在了我前面。我是天生不安分的抖腿族，我不仅抖腿，无聊时我还会踢他的椅子，有时是踢椅架，有时直接踢上木板，而这时他会回头幽幽地说一句："你又踢到我了。"但我知道他不会生气，一直有点儿幸福地享受着这种别样的小宠溺。

有时他也会报复性地在捡掉在地上的文具时顺便拉开我的鞋带，而我装作很严肃地说"绑回来"的时候我以为他会嗤嗤地一笑而过置之不理，没想到他真的弯下了腰为我绑起了鞋带。初中三年遇见过那么多喜欢拉开我鞋带的前桌男孩儿，他是唯一一个愿意为我绑回来的。重要的是，天知道我已经多久没有洗鞋子了，他是怎么下得了手的！

夜晚我总是习惯性地失眠，在床上辗转反侧想着很多东西，脑洞大开东拉西扯地就想到了将来孩子的名字，并不由自主地冠上了阿莫的姓氏。我被自己这个突然的想法惊到了，蓦然睁大眼睛望着黑暗中的天花板，呸呸呸！清除记忆再想。然而只是徒劳无功，这些东西一下子如潮涨，瞬间席卷了我所有的思想。我居然在回味与他共度的日子，清甜甘涩，无一不欢。我扬起的嘴角又慢慢沉下，可那有什么用，他不喜欢我啊！

这下好了，我的失眠更加严重了。

我独自一人陷入没人知道的失恋里，心情一直都恹恹的，唯一能拯救我的只有口袋里这个月剩下的两百块钱。我把这两百块钱塞进一件深绿色棉衣的口袋里，郑重地把棉衣放进衣柜的最下面，用一件件的衣服叠在上面埋起来，并发誓要快点儿忘了这件事，等着给来年的自己一个惊喜。

可是没过多久，阿莫就挂着一副贼兮兮的笑容对我说："积然，你能先借我两百块吗？"我忍着想要拍死他的心情还是从衣堆里把那件棉衣挖了出来，从口袋里取出了钱。我把钱给他时他感激一笑，说："积然，你是个好人。"我苦笑了一下，在心里默默回答，其实我不是好人，只是恰好喜欢你而已。毕竟这可是两百块钱，够买四百包辣条的了，换了别人我可不借。但我没把这种想法告诉他，不然他又要嘲笑我脸上的痘痘了。

后来，阿莫把生日礼物放到我面前时，我先是一愣，他咧开嘴角，露出一个狐狸般的笑容："生日快乐！"我还是没有反应过来，或者说我是反应过来了，却还没想好要怎么回答，是应该微笑着说谢谢，还是假装很惊讶地问"你怎么知道我生日的"。但下一秒看到礼物，是我垂涎已久却没舍得买的溜冰鞋，我自动屏蔽了矜持这一环节，直接抚摸着溜冰鞋笑得谄媚。看到我这副嘴脸，阿莫无奈地叹了口气，说："这是用你那两百块钱买的，我就不还了。"我的笑容顿时僵在脸上，用我的钱给我买礼物，这算什么事？看到我灰绿的脸色，阿莫笑道："跟你开玩笑啦。"我抬手抡了他一拳。

我们聊天提到了张之若，他眼里还是盘旋着惊艳的光芒经久不落。我不高兴了，撇撇嘴凉凉地说："既然那么喜欢她，为什么不追她啊？"阿莫转过头诧异地望了我一眼，似乎是惊怪于我声线里的阴阳怪气，笑道："她只是女神，谁说我喜欢她了？"本来我还感觉闷闷的，一听这话来劲了，竖起耳朵认真地听着，他又接着说："范冰冰也是我女神啊，她又不可能嫁给我。"我正暗暗偷笑着。这时，阿莫扭过头望着我，只有口型没有声音，像是在说"程枳然，我喜欢你啊！"……

谁都可以理直气壮

　　我一直都觉得自己和老师之间有隔阂，有一堵高墙把老师隔出了我的认知。我总觉得老师是神坛上的一束光，而我只不过是被普照的一小块田地。很多人都和我一样，想着要逃过老师的眼睛，而不是迎上老师的目光。用自己最好的、最积极的状态挑战老师给出的问题。做到最好，才能理直气壮地跟权威说话，平等的地位是自己争取来的，而不是漫无目的地喊着口号。

谁都可以理直气壮

蒋一初

在我的印象中，学生总是弱势群体，老师掌握着绝对的主导权。老师觉得对的事情就是对的，老师喜欢谁谁就可以做班干部，在大学以前，这些都是成立的。中学的时候，上课口渴了不敢喝水，想上厕所要思索很久才敢举手，当然更不可以谈恋爱。

被抑制的天性朝里生长，五脏六腑被戳得生疼。老师在我心中总是带着光环的，直到我遇见了心雨。

我大一的时候，大四的心雨刚从台湾交流回来，为了修学分选了我们班的课。

刚读大一，老师说的专业术语我全都不懂，上课内容又格外枯燥，一堂课下来学不到什么东西。很多时候，给我印象最深的不是老师放的独家视频，而是心雨跟老师的对话。心雨什么都懂，中国戏曲、日本戏剧，还有很多古里古怪的名词。

跟心雨初识，我莫名地崇拜她，深交以后我越来越崇拜她，她是一个活得很自我的姑娘。自我不是一个贬义词，它让人清楚自己存在的意义，让自己做过的事情都打上了特殊的烙印。

心雨说话不加修饰，说到兴头上字句就像机关枪一样扫射在对方身上，所以她和老师总是僵持着，老师并不喜欢她。既然要讨论学术上的问题，那么学生就不该处于谦卑的姿态，与老师平等地交流才算是尊重。

写毕业论文的时候，心雨总是被老师找茬儿，这里不好那里不行，反正怎么都不能令老师满意。那时候心雨要一边写论文一边准备考研，还有很多毕业前要处理的琐事，根本没有时间再跟老师争执。在老师又一次质疑她的论文时，心雨昂着头告诉老师："您有问题就问我，没有问题就不要总是挑刺儿。"老师觉得她的参考资料有问题，心雨说："这不可能，我查了可以找到的所有的资料，不信您可以亲自去查。"

已经是研究生的心雨告诉了我这件事情，我的嘴巴张得老大："怎么会有人真的敢这样对老师说话？"

"为什么不敢？只要你做了全部的努力，你有底气，那么凭什么要被人一直抓住不放？他根本没有抓住你把柄的机会。"

我一直都觉得自己和老师之间有隔阂，有一堵高墙把老师隔出了我的认知。我总觉得老师是神坛上的一束光，而我只不过是被普照的一小块田地。很多人都和我一样，想着要逃过老师的眼睛，而不是迎上老师的目光。用自己最好的、最积极的状态挑战老师给出的问题。做到最好，才能理直气壮地跟权威说话，平等的地位是自己争取来的，而不是漫无目的地喊着口号。

之前一直觉得在大学里说"学习"是讽刺，但真的做到了才会知道，这是一件可以自我满足的事情。在做到最好之前，需要不断地努力和重复。做自我哪有那么容易？理直气壮的背后全是我曾经读过的书。

培根先生说的"知识就是力量"，原句是"Knowledge is power"。

论调戏动物的作死程度

木各格

　　大抵每一个敢于调戏动物的人都有着一颗不作不死的娱乐广大民众的心吧，所以当老农跟我说他差点儿被袋鼠给一脚踹飞时，我的第一反应是：你怎么招惹人家啦？来来来，快跟我说说，让哥们儿我也高兴高兴。

　　于是远在"袋鼠国"的他在电脑前面挥舞着因躲闪不及而挂了彩的手臂，花了点儿时间义愤填膺地谴责我不够朋友后，才将故事的始末告知于我。

　　那是一个晴朗的早晨，老农跟着朋友一起在对方host家的农场帮忙喂养动物，在一大群鹅鸭羊公鸡羊驼袋鼠中，他被分配到了袋鼠窝，负责给小袋鼠喂奶，给大袋鼠喂干粮。小袋鼠倒是既萌又乖，各自叼着个奶瓶排排坐。这配合程度顿时让老农有些飘飘然了，并且将这种心理带到了大袋鼠区，待放好食物后，他特欠抽地看着一个大块头："哥们儿，听说你拳击很厉害？要不给我展示下你强健有力的手臂吧？！"

　　被点名的那只默默地、略带不屑地看了他一眼，低头继续吃东西，于是老农不知死活地凑上去拍拍它的前臂，就差没勾肩搭背来句哥俩好了。然后，没有一点点防备，也没有一丝顾虑，那袋鼠直接照着他手臂就是一爪子，接着用尾巴支撑身体毫不客气地来了个"大力神踢"，幸好老农也是练过的，惊险地躲过，不然以那力度估计真得飞了。

于是我很应景地打出了"不作不死"四个字，老农一看就不乐意了："瞧您这话说的，跟自己没个把黑历史似的，要不要我给你数数？好意思么你？！"然后在他"不怀好意"的提醒中，我脑海里瞬间闪过了三个又大又闪的字：羊驼君！

我第一次面对面见着会跑会跳的羊驼是在广西，四目相对的瞬间那萌货冲我扑闪了下大眼睛，面带微笑一脸无辜地望着我，于是小心脏立马就被击中简直能荡漾出水啊有没有！我乐得屁颠儿屁颠儿地跑去买了几根胡萝卜，又巴巴地跑回去，献宝似的看着它，然后开始认真地解袋子（手残打了个死结）。

你感受过那种三更半夜饿得要命时看到朋友圈里有人在发美食图的心情吗？我估摸着羊驼君当时一定是饿得慌，所以见我迟迟没给它吃的一下子就急了，毫不犹豫地张口就冲我的手咬了下去。就是那一低头的娇羞啊，把我的手跟胡萝卜似的给叼嘴里了，还煞有介事地吧！唧！嘴！

然后我瞬间死机，一下子就蒙了。剧情不应该是这样的啊！说好的我一边微笑着喂羊驼君胡萝卜一边亲昵地拍着它的脑袋呢？说好的近距离大头照呢？导演，我要换台本！

按理说，遇到紧急情况都会有人跟你说，不要惊慌，我们的专业人员已经在路上or到了，事情交给他们处理就行。于是溺水了有救护人员进行人工呼吸，刹车失灵了有资深跑跑卡丁车玩家来接手，可是没人告诉过我被羊驼君咬住手了该怎么办啊！

果然关键时刻还是得靠自救啊。于是我单手将袋子凑到嘴边，用我神勇无比的大门牙叼住，接着用力一扯将袋子弄开，拿出胡萝卜往羊驼君嘴里递，趁着它"喜新厌旧"放松了力道时赶紧把手给抽了出来，然后掏出纸巾目不斜视一脸淡定（并不是！）地先将满手的唾沫擦掉！而后找到水池开启了疯狂洗手的模式。

错过的礼物

小妖寂寂

　　高中的时候，我们在学校用的餐具是自备的饭盒。食堂设有餐具清洗处，一长排的水龙头上方是安装在墙上的供学生摆放饭盒的格子。我就是在那些木格子前面看到他的。

　　那天是我十六岁生日，因此我早早到了食堂打饭，准备给自己加菜庆祝。正要走过去取饭盒时，一抬头，我就看见了迎面的他。阳光从高高的窗户跑进来，洒到他的身上，他像一尊从天而降的神，周身闪闪发光。那个画面对我而言，是一份无与伦比的生日礼物。我情不自禁地低下头去，掩着嘴，偷偷地笑了。

　　从此我迷上了餐具清洗池前洗洁精柠檬味的清新。尽管对男生的名字、班级、年级我都无从知晓，但我觉得只要能看他一眼也是极好的。

　　只要够用心，偶遇也是可以制造的。刚开始那会儿，我只能偶尔地在食堂看见他，他一个人安静地站在水龙头前清洗饭盒，认真的样子很温暖。后来，我渐渐摸清他的日常活动习惯和时间，于是在图书馆里，在艺术楼下，在主校道上，在操场边……我的目光总能寻觅到他的身影。而在这些追随的日子里，他逐渐长成了我的心事，没有人知道，我的心里开始了一场与爱情有关的奇妙旅程。

　　我发现，只要能看到他一眼，我一整天都能充盈着细密的欢喜，但如果一天没见他，失落感就会无情地将我湮没。后来有一天，我从自己的饭盒里摸出张纸条：你好，请问我能认识你吗？那字迹潇洒飘逸，好看得让我心里微微一动，但我还是无声地把这张留了串手机号码的纸条扔进了垃圾篓里。我想我的心里已经有了他，就要为了他拒绝一切的诱惑。我怀抱着憧憬，相信终会有一天，就在飘着柠檬清新香气的食堂一隅，又或者在校园的某个角落，他会忽然转过身来温柔地对我说：你好。

但那个会写好看字体的男生就是不放弃，他又给我的饭盒塞纸条，约我周末去爬山。他说爬到山顶上去看云，美得会让人有置身天堂的感觉。我一边把纸条扔掉一边在心里想，真不巧，我最讨厌爬山。

那个男生沉默了几天，又给我写来纸条，说要不去广场放风筝吧，看风筝在天上飞，心也会像鸟儿一样自由自在，而且呼啦啦吹着的风，能够把一切烦恼都吹散。我再没好气，甚至有些厌烦，于是我干脆给自己的饭盒换了个存放的格子。自那以后，陌生的纸条再也不会给我已住进了一个阳光少年的心带来任何的打扰。

新学期，重新调整了班级。我的同桌是一个长相可爱的女孩儿，飞快地熟络了起来后，我们约着周末一起逛街。然后就在我们约定的地点，我看见了那个我每天写进日记的男生，阳光照在他的身上，他依旧金光闪闪，只是他的手里牵着的却是我同桌纤细的手。

于是和同桌的第一次约会，我随便找了个理由落荒而逃。

后来我问她，你们怎么认识的？同桌说，说起来还真是个神奇的过程。他原本喜欢的是另一个女生，可他给那个女生饭盒塞小纸条，那个冷傲的女生始终没有回复他，甚至还悄悄调换了自己饭盒的存放处，结果阴差阳错的，后来他的纸条塞进了她的饭盒。

我强装的笑，再也挂不住，眼睛里潮湿得像下了一场雨。原来，竟是我的固执与决绝，残忍地推开了这份原本上天要送给我的礼物。我转过身去闭上眼睛，泪水决堤一样涌出来，我终于为这份错过哭出了声音。

饭盒我用了好久，破损了也没像其他饭盒那样轻易扔掉，因为每当看到它，那个冥冥中无意的错过就会提醒我，有时得到与失去之间，只差一点儿耐心。

美食和友情都像一碗蜂蜜

楚问荆

刚来东北的时候，江冷面就神秘兮兮地告诉我：东北的铁门在冬天是水果味儿的。

作为一个国家二级吃货选手，我一是好奇犯馋，二是丝毫没意识到看起来老实巴交的江冷面会诓我。就这样，我的舌头毫无悬念地粘在了冬天冰凉的铁门上，那滋味，和大夏天舔上一支冒着冷气的老北京冰棒一模一样。等到我眼泪汪汪地把舌头拔下来，此事的罪魁祸首——江冷面，在边上扶着墙壁笑得险些撒手人寰。

按她的话来说，就是要有这种不怕被忽悠的精神，才能和她在吃货的金光大道上撒丫子奔腾。为此我差点儿和她结下梁子。不过有了这个吃货属性，我还是和她一拍即合，并肩踏上了吃货这条不归路。

学校三食堂的砂锅卖得紧俏得很，每次上午最后一节课刚结束，江冷面就拉着我急速狂奔，以免我们经受饿着肚子还排队等位的痛苦。

江冷面的饿狼样也成功引起了食堂大妈的注意，大妹子一词叫得热乎。"大妹子，又来吃砂锅啊？""大妹子，还是照常多麻多辣加冷面对吧？"

平时对我说话粗声粗气活像个土匪头子的江冷面就笑得跟朵春天里的野百合一样，捏着嗓子细声细气道："是的呢，谢谢阿姨！"我一抱臂做出受不了的表情，她就在大妈转身的空隙狠狠瞪我。

砂锅的味道简直没得说，它不仅是三食堂的金字招牌，还是治疗上火起口疮的必备良药，用江冷面的话来说就是以毒攻毒。说来也是，每次生口疮来上那么一锅，保管锅到病除。

北门外的小吃街也是我俩经常出没的地点，夏天是大排档的主场，色泽光亮的冰啤，香味四溢的烤串，引来了无数像我和江冷面这样的馋客。就连零下二三十度、滴水成冰的12月的夜晚也能看到我和江冷面裹成球在小吃摊前晃荡的小身影。香软出奇的小花饼、热乎乎的煎饼果子、焦香扑鼻的夺命小串，还有酸酸甜甜的锅包肉，每一样都能成为我们顶着大雪和寒风出门的理由。

吃得尽兴，肚上的肥肉也长得尽兴。一个冬天过去，换上单薄春装的我和江冷面揪着肚上生出的二两肥膘，很是惆怅。不过惆怅归惆怅，若是因此就停住了吃的步伐，岂是我和江冷面所为？

那年《来自星星的你》大热，"炸鸡啤酒"成了街头巷尾年轻人的口头禅。跨年的那天晚上，我和江冷面耐不住在寝室里玩电脑的寂寞，对视一眼后一拍即合，也不管外面零下三十多度的低温，穿上鞋就挣脱了暖气的怀抱。

我们在没脚踝的雪地里深一脚浅一脚地前行，在被风刮成"洗剪吹"之前终于找到了一家韩国炸鸡店。大盘炸鸡和水果沙拉上来，江冷面哈喇子都快淌到下巴了，我眼神扫向摆盘的小哥，忙递张纸过去："亲人，稳住。"

可是没冰啤啊，只有常温的，这可是人生一大憾事。江冷面灵光一闪，抱着两瓶啤酒把我拉到门外，选了个雪地开始刨坑，将啤酒埋到雪里成了个小雪堆后才心满意足地进了门。等到将啤酒从雪里刨出来，"嘁"地一声打开灌到肚里，那才是名副其实的透冰凉、心飞扬。

最难忘的是有一次江冷面领我到外面澡堂子洗澡。我们挎着洗澡筐趿着小拖鞋从澡堂出来时，北门外热闹起来，烧烤的香味又勾起了我们的小馋虫。奈何翻遍所有的衣兜，就只有几块钱零钱，正经的串是撸不成了，但也不妨碍我们打打牙祭。

我们每人拿着一串烤肉皮和一串烤香肠走在夜晚的校园里，那天晚风有点儿凉，校园里路灯逐一亮了起来，树影透过橘黄的路灯落在地面上，路上行人三三两两，真是美景良辰。我侧头看了一眼江冷面，她注意到我的目光，恶狠狠地瞪向我："你瞅啥？"

　　我看着她那张糊满香料的脸，扑哧一声笑出来。

我也不是为了活着

蒋一初

蒋一初，就读于上海戏剧学院戏文系，写文章是家常便饭。不怕吃苦，但畏惧灵感枯竭。我在走过的时间里捡拾闪闪发光的记忆，每段记忆的载体都是一躯鲜活的生命。我用他们讲故事，讲我的故事，讲他的故事，或许也是你的故事。

我认识陈啸剑好多年了，刚认识的时候他叫我小朋友，现在他调侃我是大神。我说："我是什么样子的人你还不清楚吗？"

这段时间老陈在做话剧，他跟我说他要穷死了，因为话剧太难做，小城市很少有人愿意花钱买一张票看话剧。我问他一张票多少钱，他说："学生票五十一张。"五十一张，在淘宝上少剁一次手就能看一次话剧，话剧带给人们的两个小时是有血有肉的时间跳动感，这种感觉比电影要多出无数倍，可惜没有多少人理会。这再正常不过了，话剧只有在样板戏时期才敌得过电影，而现在，我们只能把话剧称为小众。

"你不是在电台工作吗？工资呢？哪会像你说的那么穷？"

"早辞了。每天八点上班、五点下班，感觉每天都在等死。"

"你爸妈怎么说？"

"我要被我妈骂死了。"

丢掉稳定的工作，过了青春期叛逆的年纪，没有多少积蓄，老陈的生活并不好过。老陈是艺术生，艺术生的血液里一直都活跃着不安因子，没有人愿意平凡地活着，不玩出一朵花，谁会愿意承认这是自己的人生。

老陈总说大城市能给人更多的机会，能让人经历更多的磨练，也会给人更大的挫败感，他做梦都想去大城市漂泊，不是梦里想，是心里。我从来都是支持他的，闯荡几年闯出个名堂是没有辜负自己的心，没能完成心愿也不会让自己后悔。中国是世界上工作机会最多的国家，只要不挑，人人都能找到工作。这么年轻干吗要为后路问题胆战心惊，人活着又不是只为了活着。

老陈总跟我抱怨自己年纪大了，也跟我说过他身边富二代的生活，话语间是无奈也是不甘。这个世界上只有很少的人才是富二代，富二代还会承担着他们父辈垮掉的风险，相比于平凡的我们，只需要拼命地向前跑，跑累了会发现身边有很多打拼时认识的伙伴，他们和自己都气喘吁吁，但都面带微笑。独立成长是很难的事情，刚刚脱离原生家庭也是极痛苦的，父母不会理解你为什么要辞去铁饭碗，旁的亲戚也会碎嘴说你不会成功，可就算失败你也只是活得和那些碎嘴的亲戚一样，你能比过他们的，还有胸口为之努力的功勋。

在我眼里，老陈比我善良多了，他总是给别人灌鸡汤，总把自己当成垃圾桶让别人倾诉。高考前的那段时间我总是在夜里找他聊天，他每次都会回给我很长的一段语音，多半是鼓励的话，现在我也变成了他曾经鼓励过的样子，我一直都很感谢他。当我也站在高处安慰别人的时候，我发现做到这一点有些难。我比老陈多了一点儿冷漠，也少了太多麻烦，亲和力可不是谁都能有的，老陈真的是一个真诚的人。

老陈说下个月会来跟我见面，我可要趁这一个月多瘦一些，让他看到我过的生活真的像朋友圈里那么充实。

看过期报纸的老派牛仔

街 猫

　　离电影开场还有半个钟头，我坐在满是爆米花香味的候影区百无聊赖。小木桌上不知是谁留了一张绿色复写纸和半根未抽完的烟。于是我跑去跟服务员借了支笔。我本来是想看《复仇者联盟2》的，无奈晚来了十分钟，只好将就看一部主题曲是《不将就》的爱情片。

　　不知阿四睡了没有。如果没睡，又在干什么呢？在赌桌上风生水起？抱着一瓶老白干儿坐在电视机前看重播粤剧？还是读着我扔在马桶上的《乔布斯传》？我摸不准，因为他比我还没谱儿。他有时七点半就熄灯上床，有时凌晨三点才回到家。

　　想起很多年前，我在睡梦中听到有人喊"要地震了！"以及千军万马的脚步声，我拉着小伙伴跟跟跄跄跑下楼奔向公路，鞋子滑落也无暇回头。公路上早已站满了老人小孩儿和口袋里装着户口本和存折的大人们。我惊觉人群中没有阿四！所有高层建筑物在我眼里摇摇欲坠，冒着生命危险，我跑回家看到阿四在房间里拿着放大镜在看报纸。此情此景，让我心都碎了。

　　窗户晃动了一下，我拉着他的手让他跟我走，他不肯。我气急败坏，说，都要地震了，你还看什么狗屁报纸啊！他气定神闲地翻了页，说："地什么震啊，震遍祖国大江南北也震不到咱这儿。"

　　"可是大家都在公路上，村长书记他们都在。"

"小偷在他们家里头热闹着呢。"

"要是等一下真的来了怎么办，你看，窗户在抖！你快跟我走吧！"

"我不出去，我不想穿裤子。"

……

最终地震没有来。

那是极其漫长的两个小时，小小的我怎么也想不明白，为什么别人家都是那样的而我家是这样的，为什么阿四在房间里而我在公路上。后来慢慢接受并喜欢上这样的家庭格局。当老妈把我软禁在家，是他偷偷给钱让我搭车去深圳找朋友玩。当老妈把他的六合彩报纸藏起来，是我翻箱倒柜钻床底帮他找出来。虽然他痛恨我吃饭不洗碗、用完东西不归原位的恶习，我看不惯他看电视只看粤剧、两杯清酒下肚就往事连绵不绝的老派牛仔作风，但对付强大且容易生气的老妈，我们向来是最佳搭档。

当老妈飞往另一个城市，我们又变成了生活在一起的独立小动物。偏执、寡言、怕麻烦，我们都一样，都还小心翼翼地隐藏着孩子气。他身体不好，永远不按时吃药。老妈逼他喝补汤，他想尽各种办法逃避，因为讨厌那个味儿，求我帮忙喝。有时我半夜下楼上厕所，看见他房间灯还亮着，推开门一看，他拿着放大镜在看很多年前的报纸，木桌上一杯袅袅的热茶。原来大人也会失眠。后来我养成了一个习惯，睡觉前站窗口望一望，看他房间的灯熄了没有。他最爱下棋，是那种一盘棋下几个钟头的棋手，但宁愿自己玩也不跟我下，嫌我蠢。无聊时也会跟我讲冷笑话，健忘，同一个笑话讲好几遍，我还不能不笑，否则他会换个调调再绘声绘色讲一遍。高兴时，他也会拿出纸墨和毛笔写写诗，大声读给我听，摇头晃脑，估计把自己想象成了苏东坡。诗的内容嘛，不在我的审美能力所能欣赏的范畴，好在他写得一手漂亮字。

我高中住校很少回家，每次跟他打电话都超不过一分钟，他似乎对我没什么好说，我不想像老妈那样老吧唧吧唧，只叮嘱他按时吃药。

有一次他突然变得温柔，说二叔送了一串腊肉过来，叫我想吃的时候就回家。我当晚就请假回去了。我们都是羞于表达的人，所以他到现在都不知道，其实我根本不喜欢吃腊肉。

每隔两个月，我都会帮他染一次发，这个传统已延续了六年之久，也是我最喜欢的相处环节。当我安静下来，发现那些黑白质感的故事不仅仅是英雄迟暮的标志，还是一个父亲深情的注视和热切的希冀。谁不希望在失眠的夜里有点儿滚烫的东西可以回味呢？

好了不说了，电影开场了。

你是我对待过的最认真的时光

　　你还会怀念那些曾使你咬牙切齿的人，给了你青春该有的热烈与放肆。可你又不敢怀念那些人，只是蜻蜓点水般留下转瞬即逝的印迹和一阵不大不小的涟漪。灯火通明的日子里，有的只是不辨真假的欢喜；倒是对那段七荤八素虬曲反复的岁月，才动过最真的感情。

你是我对待过的最认真的时光

邵桔桔

你还会怀念那些曾使你咬牙切齿的人，给了你青春该有的热烈与放肆。可你又不敢怀念那些人，只是蜻蜓点水般留下转瞬即逝的印迹和一阵不大不小的涟漪。灯火通明的日子里，有的只是不辨真假的欢喜；倒是对那段七荤八素虬曲反复的岁月，才动过最真的感情。

1

那个男生上学期我在光荣榜上看到过，应该是年级前三，一寸照片里的红色背景比他宽两倍，显得他修长瘦削。他穿着和我不同的蓝白色校服，该是高一的学弟。从他当时轮廓分明的脸颊一边深陷的酒窝看来，大概还不懂"学海无涯"的沧桑。

就是那个男生，现在在我们宿舍楼下花坛边坐着，弹着吉他唱歌。现在是半夜十一点，宿舍本该是躲被窝玩手机的圣地，可此时十间寝室九间开窗，冻得瑟瑟发抖的女同学探头探脑向楼下张望，就像楼下的那男生是在给自己唱歌。

"董小姐，你嘴角向下的时候很美，就像安河桥下，清澈的水——"

姓董的多了去，谁知道唱给谁听。

"白果儿，你都不来看看哦！长得还蛮帅……"西宁倚在窗台边伸脚踹我的床。巧了，西宁姓董。

"帅帅帅就知道帅，长得帅当饭吃吗？大晚上的鬼哭狼嚎，让不让人睡觉！"一边骂一边顺手抓起枕边什么东西撇过去。

我的手表在发出轻快的玻璃破碎声后支离破碎。

"去死吧！"我用被蒙住脑袋。

其实我对八卦远比对自己更热心，只是有一件事——他已经唱了一个星期了。

2

人外有人，天外有天，这个世界上一定会有比你更闲更八卦的人。我还没出马，就已经有人发布最新资讯。

"哎，白果儿，你听说了吗，天天晚上在楼下唱歌的那个男生被处分了！"西宁神秘兮兮地凑过来。

"什么处分？停课还是开除啊？"

"……这我不知道，反正据说主任气得够呛——好像是他跟老师吵起来了。"

"哦。"我潦潦草草回了一句，继续用圆珠笔戳着自己狼狈的数学卷子。

这下可惹得这位小主不乐意了，一把抢过我手里的笔，皱着眉头看着我："我说你不好奇吗？不像你的作风啊！"

喊！我心里想的什么怎么能轻易告诉你呢？

三天不择手段的走访，他们说的那些传言早就被我查明了。

吴冉，绝对是我们下一届能够光大门楣的新星。成绩好长得帅家境好又有才，人见人爱高富帅，偶像剧里总出车祸失忆的男一号吧。

高一（10）班是尖子班，吴冉是尖子班里的尖子生，被当作种子选手重点培养，奥林匹克竞赛好像还拿了名次。我更关心的是，据说他参加我们学校乐团的选拔通过了，准备顶替掉我兼任道具师服装师灯光师和音乐室扫地工人的吉他手的位置。

"你说他要代替谁？"课间我在高一走廊里像记者似的采访那个告诉我这一惊天消息的姑娘。

"好像是一个叫白果的……乐队应该就这一个要毕业的吧？"

我气闷了半天，如果医生来检查，肯定要因为血压过高把我送进急诊室。

的确，乐团都是高二的同学，就我一个高考生死乞白赖占住吉他手的位置不走，班主任已经不止一次找我谈话了。可我这么厚脸皮的人怎么可能说退就退，我还想再……

扯远了。

听说吴冉被众星捧月捧上了天。年轻人心智毕竟不成熟，有点儿名气就像喝了二锅头开始发飘，可成绩一如既往的好，老师没办法；让别人帮写作业、掩盖罪行的事儿不少，可因为他长得帅，女生总是乐颠颠地帮忙。

这是逼我重出江湖了。

3

经调查，我们班和他们班周三下午第六节都是体育课，只有这时我才能见到吴冉本尊。

机遇难得，当然不能错过。

"前排同学一定注意匀速跑！不要太急！"

将在外，君命有所不受，对不起哦。一边在心里道歉，一边自动过滤掉体育老师的喊话，提速追上了10班的队伍。老师扭身进了教学楼，按照惯例十五分钟后才会出来叫停。

吴冉在最外排排尾的地方，我在里排打头，地理位置好到怀疑人品。于是在本班上气不接下气的骂声中果断跑上第三跑道跟他对齐。

"哎，你是叫吴冉吧？"

他扭过头来诧异地看我。

"我说，你天天大晚上的不睡觉，唱歌给谁听啊？"

对方白了我一眼，继续轻松随意地慢跑，一副傲慢无比的样子。我才看到他另一侧耳朵插着耳机。

我不撞南墙不回头的一代女汉子，什么世面没见过？绝不认怂。

"说正经的呢！小小年纪不学好，学什么狗血剧情，啊？不知道遵守公德啊！"

他偏过头上下打量了我一眼，我一身鸡皮疙瘩。"你比我大几岁啊？长这么矮好意思说我。"

"我……知道我是谁吗你！"

"有关系吗？"

"……你那吉他弹得也……太一般了！怎么当我接班人啊？——我说你慢点儿跑，我……喘不过气来了！"

他转过头眨了眨眼睛，阳光侧影里，头发是学校规定中模棱两可的边界色。天生的？老天真是赐给他桀骜不驯的天分了。"你是白果？"

"哎哟认得啦！——哎哎哎等会儿你加什么速啊？我就是跟你聊聊，不用表现得这么烦我吧？"

对方噗嗤一声笑了出来："说话机关枪似的鬼都听不清。"

我："你……"

"我说，你哪个班的啊？"

我："啊？"

……

跑岔了气，不得不慢下来，似乎在落下的一瞬间看到他的酒窝。

小崽子跑这么快，我用双手拄着膝盖大喘。

真是后浪推前浪了。

"老师，她跑太快了我们跟不上！"

连续两节体育课，我和吴冉搭了几十句话，耗尽了一个假期养的体力。第三个周三，我终于被联合上告，调到排尾，眼睁睁看着吴冉从身边跑过，还惊讶地回看了一眼处在排尾的我。

"喂，什么情况啊？发配边疆？"

猛地转过身来，正是吴冉。下课铃声才响过，同学们说笑着从教学楼走出来。

原本大脑导航自动定位好了回教室的路线，此刻却一转身，到足球场边高高的台阶上坐着。"对啊，群众对我的速度强烈不满。"

吴冉坐到同一级台阶上，腿却一直伸到比我多一级的地方。

我斜了他一眼："从小吃化肥长大的吧你？腿那么长。"

他鄙视地翻了个白眼："你长那么矮。"

我敢说白眼是他最常有的表情。

"我说你懂不懂尊老爱幼啊！你穿的是白校服，我穿的可是红校服！能不能有点儿人与人之间最起码的友好。"

"是啊，丑得多的红校服。"

"……要不是看在你是我接班人的份上，我真想一耳光抽死你。"

"行行行，你比我老，你是我姐行吧？——谁跟你计较。"

上课铃及时地响起来。我伸出手冲着吴冉指了许久没憋出一句话来，赌气一甩手走了。

"姐，周五乐团见啊！"

以前在乐队累的是手，现在纯粹是练嘴皮子。

"我说姐，你混了三年不会就会弹这么一首校歌吧？"吴冉坐在对面长凳上，撇着一边的嘴角质问。弹琴的在补作业，唱歌的小丫头在玩麦克，我抱着吉他稀里糊涂地给吴冉讲我不堪回首的乐队史。

"……虽说只练了这一首，但我练得娴熟——再说，校庆也就这首。"才不告诉他，要不是我兼任道具师服装师灯光师和扫地工，早被踢出去了。

"喊！弹成这样还嫌我没水平，"他根本没听进我的话，"还是听我给你们弹一曲《董小姐》。"

说着，起了前奏。几个和弦拽得什么似的，估计也就会这一首。

"所以那些可能都不是真的，董小姐，你才不是一个，没有故事的女同学——"

琴手停了笔，主唱也不玩麦克了，副歌竟然跟着唱起来。长得帅就这样？世道不公啊。

"哎，你这歌到底唱给谁啊？这么深情。"主唱花痴犯病，语调都跟平时不一样了。不巧，主唱可不姓董。

吴冉头枕着吉他狡黠地眨眨眼睛："谁回应我就唱给谁。"不得了，小小年纪就会撩妹，再不改正以后必是祸害。

一时间很想杀他的风气，奈何身高没有人家高，腿又不长，不敢轻易出手。

"唉，我不玩了，晚自习有测试呢。"弹琴的男生把书一合，走了。

"呀！物理老师让我去他办公室来着！我我我撤了啊！"唱歌的话筒一撂，走了。

"你不回去？"吴冉扭头问我，"你可是高考生。"

047

我摇摇头："不想看书。"

"我也不想。"

"你和我可不一样。咱俩之间隔了一整道柏林墙的距离。"

"为什么？"吴冉挑起眉毛，棱角分明的脸庞透着不以为然的意味。

"你可是种子选手。"

"哦，现在不是了——现在是果实选手。"

我被自己的口水呛着了："啥？"

"刚入学还是种子，上了高中被催熟变成果实了。"

被催熟，高中什么东西能让他心智成长得这么快。暗自想笑。

"……我知道你为什么叫吴冉了。"

"嗯？"

"你对我的三观简直是一种污染。"

他懒散地从长凳上站起来，一手把吉他立在凳子上："那我知道你为什么叫'白果'了。"

"为什么？"

"白果就是银杏，银杏有毒啊！"

6

别人的青春骄傲放纵是从高一开始的，高考前该结束了，只有我高一高二过得一潭死水，今天才找回丢失已久的少女心。可能是吴冉来得晚了些。

"白果白果，你一会儿……是不是去乐团？"周六下午休息时西宁凑过来。两年多的室友从来没像最近这么融洽过，以往不是打得死去活来就是笑得满地打滚，永远找不到中庸的界限。

"我……能不能跟你一起去呀？"

"哦，我知道了，去见证吉他手交接仪式。"

老师说无论多烂的烂泥都不能放弃上墙的希望，高考之前给我下了不许再玩的禁令。她当时肯定不是这话，不过在我看来都一样的。

"吴冉小同志，"在音乐室的台阶上一坐，就要开始针对我这个过气吉他手的长篇大论了，虽然转笔的还在转笔，拆话筒的还在拆话筒。"作为吉他手，除了有对音乐的热情，还要有一颗摇滚的心。"

"噢，就是像你一样鸡飞狗跳的还老惹麻烦。"

"哎哎哎谁告诉你我是这样的人啊？"

西宁在一边嗤嗤笑。她在寝室听我讲过很多以前的事情，我开始怀疑"董小姐"背叛了我。

然而吴冉一边将头发一边毫不掩饰地嘲笑："这叫'百足之虫，死而不僵'，上三届下三届江湖上仍然流传着你的故事呗。"

还百足之虫，还拽成语，非得让你知道什么叫恶由胆边生。于是我幸灾乐祸地告诉他作为吉他手还得履行种种兼职义务劳动，否则是不会留下的。

然而西宁在这关乎荣誉与面子的关键时刻插了我一刀："人家靠脸和才华就可以了，不像你噢。"

"啊啊啊雌雄双煞！你们，你们——喂喂喂画风转得太快了吧说换台就换台的？"

以为是一场风起云涌的恶战，没想到两人齐刷刷四只水灵灵泪汪汪猫眼睛看我，平时傲娇霸道狂拽酷炫的人设说不要就不要了。这是合计好来对付我的？！

7

"姐，你下晚自习在花坛底下等着我啊！"

不知道吴冉又搞什么幺蛾子，好在同学都忙着收拾书桌，兵荒马乱没听见这一声没脑子的命令。

明天我们就搬出学校了，然后就是那场推辞不过的高考。很久之后仍然清晰地听见考场里蚕食桑叶一样的落笔声，好像那成了一切有关青春的回忆里最不可错过的风景。

反正最后一晚，心一横，等就等吧。

夏日的晚风从花坛流下来，有湿热的泥土气息。我抱着书包，里边装着我全部家当。出狱了。

有没有像我这种人，神经病一样临到最后不愿意走。明儿一早拖着行李箱冲出大门，随之结束的不只我骂过千万遍的假高中生活，还有一个女孩子紧赶慢赶的青春。一切年少躁动的心情要永远封锁在这里，匆匆忙忙去过新的生活了。

会怎么样呢？老朋友不再知道你的新情况，新朋友不再知道你的旧脾气。

胡思乱想地等了很久，教学楼里灯都灭了，吴冉背着吉他鬼鬼祟祟跑出来。

两个人像做贼一样藏在花坛的影子里。"你……不会是来弹吉他的吧？"

"一米六的人不能质疑一米八的人。"他二话不说开始翻谱，路灯底下看，居然是手写的，"花了半年呕心沥血改的歌词，因为是你提供了一点儿灵感，所以先让你听内测版——不收钱的。好的话明年校庆可就不弹校歌喽。"

应该骂回去的。可惜我实在不忍心破坏这个有点滑稽的温暖气氛——帅气学弟与退隐学姐在校园花坛边鬼鬼祟祟弹吉他，很不错。

"北风吹，吹散了谁梦里伤悲，将那孤独的夜晚，煎熬成漆黑——"

《董小姐》的调子在花坛边绕来绕去，宿舍楼有人探出脑袋，我往阴影下缩了缩。

"……也许这一切都不是真的，也值得，谁会不厌其烦地孤独飘零地生活，年少时的身影，总是在一瞬飞逝而过——"

"喂！"男生宿舍值班的老大爷打着手电出来了，尴尬地照亮了泪眼模糊倚在花坛边的我和仍然人莫予毒的吴冉。

可能我的青春里正缺少这样一出浪漫而疯狂的闹剧。最后的最后，也算是个皆大欢喜的结局。

8

和吴冉到底怎么认识的，我不知道。

互损的联盟还在吗，我不知道。

这算怎么一回事，我不知道。

是年轻才有的特权吧，要把日子过成诗，偶尔矜持偶尔放肆，哪怕过得不明不白也能对这种朦朦胧胧的激动爱得死去活来，才不虚此行。

只记得那天晚上暗淡下来的星月如清水，我们在警卫室里做检讨，权当告别。

我喜欢你，不只是习惯

M君颜

1

白色的日光灯明晃晃地从我的头顶投射下来，在书页上形成一大片阴影。纸上的字开始变得模糊，我眯着眼环顾了一下四周，终于忍不住睡意趴在桌子上睡了过去。

脑袋沾到胳臂的时候，我觉得就这样不要醒来也是极好的。不要面对高考，不要面对永远都做不完的卷子。

后座的陆小楼大概是看不过去了，狠狠地踢了我板凳一脚。我刚刚进入睡眠，一下子吓得忘了今夕何夕，想也不想地站起来吼道："陆小楼你找死啊！"

全班一开始静默了几秒，突然哄笑起来。但是在看到老班黑透的脸时都立马闭了嘴，一时间只听见哗啦哗啦的翻书声。老班的目光缓缓地扫过班级每个角落最后落在我的身上，他说："林贝贝，你下课来我办公室。"

老班走后，我听见陆小楼闷笑了一声。同桌的苏雪也忍俊不禁，她小幅度地扯了扯我的衣服让我不要太放在心上。

后来据陆小楼说是他看到老班站在门口，本意只是想叫醒我，可是没想到我的反应会这么大。

就算他这么说，我依旧冷漠地抱着肩决定这学期都不理他。

他头疼地看着我，说："林贝贝，我请你吃冰激凌？"

"五块钱的，走吧。"

我和陆小楼坐在食堂小卖部的桌子边狼吞虎咽。顶着陆小楼鄙夷的目光，我开始大言不惭地谈着人生和理想。

陆小楼白了我一眼，含着一口冰激凌含糊不清道："你什么时候能好好学习，你就有理想了。"

"瞎说，我的理想就是追到秦枫！"我狠狠地拍了拍桌子。

陆小楼看了我一眼，哼了一声后就低头吃冰激凌不理我了。

回去的时候，苏雪指了指桌子上的本子："刚刚秦枫来过了。"

我捂着脑袋瞬间炸毛了，心有不甘地看了眼秦枫的位置，可惜人家已经在认真看书了。我回过头瞪着跟着我一起进来的陆小楼说："都怪你，害我错过了和秦枫说话的大好机会！"

陆小楼耸耸肩，坐回到座位上抽出了一本物理习题集，头也不抬道："是你太贪吃了。"

我对着他干瞪眼半天，可是陆小楼的视线就像黏在了题目上一样。苏雪无奈地看了眼陆小楼，拉拉我的手，笑着说："好了好了，别生气了，快上课了。"

我摸了摸鼻子有些没趣地回过身，总觉得陆小楼有些不高兴了。再看着本子上的解析有些头疼，其实根本看不懂，问秦枫题目也只是想借机多说话而已。

2

每次说到秦枫的时候，陆小楼总是会满脸不屑。

"不就小白脸一个？"

"可是人家成绩好气质好，班上女生都喜欢他啊。"

陆小楼不说话了。

我托着下巴打量起陆小楼，虽然他整天吊儿郎当的可他实际上是个学霸，和秦枫差不多的学霸。说到学霸，其实苏雪也是。

也不知道老班为什么如此看重我，竟然让两个学霸都坐在我身边。我表示压力很大。老班也无数次找我谈话："林贝贝其实你很聪明的，你不是不行，你就是不努力啊！你看看人家苏雪，人家陆小楼，你怎么不学着点儿呢？已经高三了，要抓紧啊！"

老班说得语重心长，我也连连点头称是。在某个瞬间我觉得我的斗志要被激发了，可是每次出了办公室转眼就忘了。

陆小楼被我赤裸裸的眼神看得实在受不了了，不自在地扭了扭身子，面无表情道："发呆是追不到秦枫的。"

我眨了眨眼，一把抓住陆小楼的胳臂："我要当学霸，陆小楼你要帮我。"

陆小楼背起书包像看猪跑一样地看着我，我恼羞成怒地踹了他一脚跑开了。

晚上躺在床上，抱着被子翻来覆去睡不着。其实我知道秦枫是喜欢苏雪的，毕竟人家成绩好，长得又好看。可是反观我呢，一无是处还整天被老班找去谈话。我不是没心没肺，只是一开始就被贴上了差生的标签，渐渐也就变得无所谓了。

可是为什么还会失落呢？

眼睛涩涩地疼。脑海中莫名地浮现出陆小楼那张欠揍的脸，头一次觉得我不该再这样浑浑噩噩下去。

否则我哪里有理由继续站在他身边。

3

我不知道这个时候奋起直追还来不来得及。人们总说笨鸟要先飞，可是我没有，不但没有还掉队了。

书上的题目总是我认识它它却不认识我。我苦恼地晃着陆小楼的书直到他终于肯抬头看我。

"你真的要当学霸？"

"当然。"我特别虔诚地看着他。

"你找秦枫啊？"他笑得很贱，"正好加强一下感情。"

我呵呵了一声："傻子都看出秦枫喜欢的是苏雪好不好？"

"你不吃醋啊？"陆小楼转着笔一脸探究地看着我。

我愣了愣。对啊，我竟然不吃醋。

要知道当初我知道苏雪喜欢陆小楼的时候我可是吃了好大一坛醋。我拽着他的书包死活要他给出一个解释，直到他发誓他不喜欢苏雪时才心满意足地放了手。

我捂着心脏的部位，不甘心地辩解道："谁说我不吃醋？我都酸死了！"

声音很大，怎么都觉得像是在自欺欺人。

陆小楼最后终于答应课后免费帮我补课。可是到底落下了太多，到最后陆小楼都忍不住想把书扔我脸上："你能不能长点儿脑子？笨得跟猪一样！"

我咬着唇没敢说话，反应过来时眼泪已经不受控制地往下掉了。

那次是我第一次在陆小楼面前哭。

陆小楼手忙脚乱地围着我转，最后懊恼地坐在我对面，语气有些酸溜溜的，说："你就那么在乎秦枫？"

我低着头头一次没有反驳他，我想这关秦枫什么事，我觉得难过只是因为陆小楼骂我。

4

高三第一学期结束的那天，下了好大一场雪。而我也终于不再是下游漂的那几个之一，这让老班狠狠惊艳了一次，甚至特地提名表扬了我。

那个时候才发现原来被表扬的感觉那么好。

我激动地勾住陆小楼的肩膀，笑得特别豪放："陆小楼我太喜欢你了！"

陆小楼微微挣扎了一下，低头嘟囔了句："喜欢这个词不要乱用好不好？"

我没听清陆小楼在说什么，只是有些遗憾道："可是我还是追不上你啊。"

"你追上秦枫就好了。"陆小楼终于打掉我的手，和我保持了一段距离。

我不耐烦地皱着眉在雪地里乱踩了一通。不知道是被冻的还是怎么了，心情一点儿也不好："你能不能不要总是说秦枫！"

"哟，你不是很喜欢他吗？"陆小楼挑着眉看我，"害羞了？"

"有病。"我在分岔路口甩开了陆小楼，缩了缩脖子把冷风挡在了外面。我想，大概我也可以和陆小楼一样。

寒假的第二天，陆小楼打电话给我，是老妈接的。她隔着房门冲我喊："林贝贝，你们班男生找你。"

"谁啊？"我穿着拖鞋睡眼惺忪地走过去，好不容易有了赖床的机会却被打扰了，"陆小楼？干什么？"

"我监督你有没有好好学习。我猜你一定才睡醒。"陆小楼在电话那端笑得依旧特别贱。

外面的雪依旧厚厚的一层，我看了眼窗外，嗯了一声："所以你打扰到我睡觉了。"

老妈站在一边一脸戒备地看着我讲了整整半个小时，终于忍不住了，揪住我的耳朵问："他是谁？"

我让陆小楼等等，转过头对老妈说："男朋友。"

然后，陆小楼就挂了电话。

5

后来老妈趁我不在的时候又顺着号码打了回去，当然这是陆小楼告诉我的。

我低着头吃着面条，哦了一声："然后你说了什么？"

陆小楼也学我的样子吃了口面条，故作深沉地看着我："以后你就知道了。"

"面条吐出来，不许吃了。"我伸手过去抢他的碗，结果正好被从厨房出来的老妈骂了一顿。

没错，陆小楼在我家。不知道那天陆小楼对老妈说了什么，老妈竟然一反常态地跟我说："那天打电话过来的孩子挺不错，哪天请他到我们家吃饭吧。"

然后陆小楼就真的过来了。

我惊悚地指着他："你从哪里来的？"

陆小楼越过我对着老妈殷勤地叫着"阿姨好"。

老妈客客气气地给他摆上一大堆吃的："林贝贝这丫头笨，以后就麻烦你了。"

"阿姨不麻烦的。"陆小楼特别乖，就像被附身了一样。

所以最后的情景是：陆小楼乐滋滋地吃着一大堆零食，我在书山里醉生梦死。

这种状况一直持续到高考前一个月，因为陆小楼老妈不让陆小楼乱跑了，就算他是学霸也不行。

我不知道我是怎么度过那几个月的。我觉得自己变得沉寂了许多，秦枫在我心里的位置也淡了很多，只有陆小楼一直在我身边。

陆小楼一脸遗憾地对我说："真可惜吃不到你妈妈做的菜了。"

我摸着鼻子头也不抬地写着我的《五年模拟三年高考》，口不对心道："但是我很高兴。"

没有人能在高考面前云淡风轻，我不希望辜负父母老师的期望，以及陆小楼。

我努力把惶恐埋在心底可是还是被陆小楼发现了，他说："大不了我陪你复读。"

明知是玩笑话，却还是忍不住笑出声。倒计时贴在了醒目的位置，我偏头看了一眼，然后很小声地说了句"谢谢"。

你不知道我有多感激能遇到你。

6

考完数学的那天，陆小楼背着书包看着我从考场出来。

我立马就哭了："陆小楼我完蛋了。"

"就知道你考得不好，所以我最后两大题都没做。"

我目瞪口呆地看着他。

"你是猪吗，这都信？"陆小楼揉揉眉头，"你尽力就好了。"

成绩出来的那天我坐在电脑面前颤抖着手，迟迟不敢点开那个网页。我想陆小楼这个时候会不会也和我一样紧张，突然就放松了许多。我闭着眼给自己打气："林贝贝你可以的。"

成绩高出一本线十几分。

我捂着嘴尖叫了一声，突然就安静了下来，一时间竟然不知道用什么词来形容我的心情。老妈听到动静跑进来看着我的分数都傻了，久久说不出话，然后不停地重复着"太好了真是太好了"。

我头一次没有嫌她烦，因为我看见老妈转过身的时候轻轻地抹了下眼角，原本乌黑的秀发不知道什么时候多出了几根刺眼的白发。

我打电话给陆小楼："陆小楼我考得特别好，爸爸妈妈都炸啦！"

陆小楼的声音淡淡的："哦，刚才苏雪跟我表白了。"

我愣了愣，才意识到陆小楼并不是我一个人的，他总会有喜欢的人或者被喜欢。这三年来，自从认识他就跟他混在了一起，从来没有考虑过哪一天陆小楼不在了怎么办。可是如今陆小楼终于要抛下我了。

我捏紧了手机，有些紧张他的答案："那你怎么说？"

"你认为我该怎么说？"陆小楼反问我。

"那祝你们幸福。"我干巴巴地说了这么一句就挂断了电话，刚才的狂喜被冲淡了一半。

我就这么拿着手机发呆，直到五分钟之后陆小楼又打电话给我，他气喘吁吁道："我在你家门口，给我出来。"

"你来干什么？"我揉了揉有些疼的眼，昂着头走了出去，"你不是和苏雪在一起了吗？"

他扶着双腿平复了一下呼吸，抓住我的肩膀恶狠狠地说："林贝贝，都三年了你到底接不接受我？如果你说不，我就答应苏雪了。"

"你，什么意思？"我一时间难以消化他话里的意思。

"你是猪吗？"陆小楼放开我，有气无力地捂着脸，"我为什么会看上你这么笨的人。"

我瞪着眼看了他半天，终于猛扑了上去，在他的怀里喜极而泣，哭得像个孩子。

还好，我没有只把你当成我的习惯。

还好，我没有错过你。

7

大概我喜欢的从来都是陆小楼，秦枫只不过是那一个夏天的过客。

陆小楼说那天对老妈说的只不过一句"我会对我们的人生负责"。

我想起了第一次遇见陆小楼的时候，他把我撞得趴在地上起不来，他低着头对我伸出手。那个时候我就想我要赖上这个人一辈子。

我歪着头冲陆小楼笑，陆小楼伸出手接住我。

阳光在他身后洒下一片灿烂。

你好，万宝路先生

Zero

10月23日，下午四点过三分，我在我家附近的网吧遇到了一个男生。他和我之间隔了一条过道和一个人的距离，我偷偷地看着他，以我多年看推理小说的经验我确定他并没有发现我的偷窥。

他穿着白衬衣、牛仔裤，右手边是一瓶可乐。他的皮肤很白，白得让身为女性的我都忍不住嫉妒。他点燃了一支香烟，我是一个极度讨厌香烟的人，但那一刻，我却沦陷了。我从未见过一个人点烟的姿势能那么有魅力，让人不忍心去规劝。

他离开座位之后，我趁管理员还没来，悄悄去了他的座位。电脑桌很干净，只有一包空香烟盒子在那里。薄荷万宝路。一个穿衬衣、牛仔裤，却抽万宝路香烟的男生，不得不说是个很有意思的人。

我将空烟盒捡起来带走，我喜欢这样有意思的人。

事情的发展出乎我意料，我万万没想到，他离开座位并不是结账离开，而是去了厕所。等他回来的时候，发现空香烟盒不见了。

我开始有些慌乱，这已经超出了我的可控范围。我心里只有一个声音："我完蛋了。"

然而他也并未在意那个不见了的空烟盒。

他打开了一部电影，按下了播放键，我打开了音乐列表，点下了播放键。

我跟他说的第一句话，想来有些好笑。

"你好，请问你知道厕所在哪里吗？"

他声音温和，微笑倾城："直走，左转。"

"谢谢。"

我跟他的第一次对话，就只有这样。

然后我从厕所回来之后，他依旧看着他的电影。我扫了一眼，发现他所看的电影恰巧也是我爱的电影。

我从口袋里掏出一张纸，在上面写上：

要一起去看电影吗？

PS：《惊天魔盗团 2》这部电影挺好的。

PPS：刚才多谢指路。

我将纸条揉成一团，丢向他的座位，他带着疑惑，打开了纸团。然后直接从座位上站起，朝我走过来。

"明天下午一点四十，我在这里等你。"

"好。"

第二天，我提前了十分钟到达了约定的地方。

他依旧和我初次见他时一样，白衬衣，牛仔裤，棕色皮质表带的手表，一个漂亮的手提包。

"你好。"我跟他打招呼。

"你好。"他微微一笑，灿若朝阳。

我们一起去电影院看《捉迷藏》。

我从没想过，像他那样的男生会害怕悬疑电影。看到电影的惊悚部分，居然会比女生叫得还大声。

"你不会害怕吗？"他缩着身体，呈现一种自我保护的状态。

"有什么好害怕的？"我反问他。

"你好厉害啊。"他瞬间开启了迷弟模式，眼里满满的都是崇拜。

"也没有啦。我只是觉得生死有命，有的劫难是躲不掉的，不如坦然面对。"

"你干吗突然讲这么有人生哲理的话，害我都不知道说什么好了。"他的语气里有些不满的撒娇。

电影散场，我和他走在街上。秋日的下午，有浅浅的阳光。沉默安静时的他，像是从青春小说里走出来的男生。

"今天很开心，谢谢你。"他说这句话的时候，眼里满是真诚。

"没什么的。我一个人去电影院看电影，感觉会怪怪的。"我向他解释道。

他突然开口："作为你请我看电影的回报，我请你喝东西吧。"

我们就一起去了一家咖啡馆，我要了一杯卡布基诺，他要了一杯摩卡。期间他点了一支万宝路香烟，烟雾缭绕中，我觉得他比起刚才多了一份神秘感。

我其实看不透他。第一次见面，感觉清秀。在电影院里觉得他天真可爱，而如今又觉得他神秘。

他吸了一口烟之后，就以左手食指与中指将烟夹起，对我询问道："那天，在网吧。你在看我，对吗？"

我没想到他会这样直接地质问，但我也无须否认："是。"

"我就说总感觉有些不对劲，要不是Lucy提醒我，我还真不知道。"

Lucy是他在网吧里视频通话的女生。

"会觉得奇怪吗？"

"其实也还好。我以前也有遇到过偷偷看我的女生。不过你跟她们不一样。她们不会像你这么直接地来约我看电影。"

我轻笑："有时候你不迈出那一步，你永远不知道故事会是什么样子。就像洪七，如果他没有离开大漠，他不会成为丐帮帮主。"

他突然盯着我，有些兴奋："你也喜欢王家卫的电影？"

"嗯。"

然后话题就不知不觉到了王家卫的身上。我们在一起聊《重庆森林》《东邪西毒》《阿飞正传》《一代宗师》。聊张树平，聊杜可风。我没有想到我们会有这么多话题可以聊，多到一天有二十四小时都嫌不够用。

那天之后，我的生活又恢复常态。我戏称他为万宝路先生，因为他总是抽万宝路香烟。他称我为耿直Girl，因为我总是直来直往。

2016年12月31日，我们第一次一起跨年。

他拉住我的手，奔向商业中心的地标性建筑——钟楼，我能感受到他手指传来的微凉和我那狂乱不已的心跳。

离午夜十二点还有三分钟，他说："给我三分钟可以吗？"

我点点头。

他开口道："10月8日，网吧。你在八十三号座位，听一首英文歌。左手边是管理员找给你的零钱，右手边是一瓶纯净水。10月16日，你在五十二号座位，看一部日剧，应该是《大川端侦探社》，你看到了第十集。然后趴在桌子上睡了十分钟。从你第一次到网吧，我就在关注你了。那天你来问我厕所在哪里的时候，我就想告诉你这些了。长安，我是真的希望你可以做我女朋友。"

十二点到了，钟楼的钟声响了起来，他低着头，不敢看我。

我走到他身边，温柔说道："你好，万宝路先生。"

你是我对待过的最认真的时光

哆啦 A 梦遗失了口袋

不消停

王钦爻 2016

我没想到还能遇见她。

还是一张肉肉的脸，摘了眼镜倒也出落了不少。我们相隔一扇窗，她站在中年女人身边递钱，说买两张票吧。我的心没出息地一动，然后夺门而出，胖子在售票处，我搭着他的肩，无视他的示意，故作夸张的熟稔。

余光里她要把我盯毛了，我的视线刚碰到她的，就听见了熟悉的娃娃音。

"哎，你是李钦爻？"却是确定的语气。

"我姓王啊，隔壁老王那个王。"

在美女面前强颜欢笑巧舌如簧，这是我的强项。她果然乐了，笑容依旧明晃晃。

"啊对……你在这里干吗？"

"在这儿上班，我不读书了。"我尾音落下，她眼神里的光灭了一霎。

取了票，她没说声再见就挽着中年女人回头走了，还是和当年一样，挺拔骄傲的小身板一晃一晃地飘远。

我掏出根烟，袅袅的烟雾里又浮现她年少的模样。

王钦爻 2011

其实我挺感谢我爸给我起的这个名，好写不好认。从小到大老师都不爱提问我，名字读起来别扭，他们也怕念错而失了老师的威风，索性略过。其实就算时间长了认识了，也不会爱提问我的，不是在睡觉就是在看漫画的坏学生，谁愿意浪费时间多看一眼呢。

她长了一张学霸脸，是那种小圆脸，皮肤白皙，鼻梁上架着眼镜，留着乖巧短发的女孩子。

不记得那是初三开学不久之后的事，当时我被父亲转学到一所升学率很高的中学，同学我还没认全。那天她发着作业本，认识的送到，不认识的喊名字。

我正在看《漫客》，听她用甜腻的娃娃音喊到我，着实吃了一惊。一抬头就和她茫然找寻的目光相撞。

"你就是王钦爻？"

她甩下本子盖住了似弦月的脸。

"你怎么知道？我是说，你怎么认识我的名字？"

"钦佩的钦。爻，就是组成八卦里每一卦之间的长短横道。这很不好认吗？"

她居高临下地俯视着，我像是她的臣民。

张莫扬 2011

班上新转来的王钦爻给我写情书了。字写得有点儿好看，也不失文采，真不像他这个人，吊儿郎当不学无术，整天只知道看漫画。

我每次发作业本都要故意大喊他名字，谁让他瞧不起人，以为大家不认得呢。

他说他特别喜欢看我说话，板牙大大的像兔子，声音却像猫咪，可脸又圆圆的像小猪。我气鼓鼓地作生气状，几节课之后，他传纸条过来，展开是一幅画，实在太抽象了，我只看得出硕大的板牙和可能是某种动物的脸。

鬼使神差地，我看着这奇奇怪怪的东西竟然"扑嗤"一声乐了出来，英语老师在台上干咳，我急忙掏出测评卷掩盖。

他看漫画也是在测评卷底下偷偷翻页的吗？

睡觉的时候呢，是不管什么课就直接趴桌上呼呼大睡吗？

王钦爻 2011

我特别爱缠着她，可能是我太闲了。课没什么好听的，也不能一直睡觉。

她可真喜欢学习，每天放学都很晚走，非要写完练习册，她说嫌沉不爱往回背。

我的座位离她好远，我也不回家，写卷子等着她。看着她的小脑袋像朵蘑菇一样埋头在书堆里，想着浇一场雨小蘑菇会不会长大。

给她写了好多情书。其实是我的内容，胖子的字。胖子是这个班级为数不多和我一样混日子的人，但他写得一手好字，比我飘逸多了，可能是他有劲儿吧。哎呀我这么帅气幽默，字写不好看也没关系。

嗯，反正我一定会追到她的。

我要给小蘑菇画好多画，给她写比练习册还厚的情书，比一本练习册还要厚。

张莫扬 2011

这也不是第一次收到情书。可他和别人不一样，他实在太爱写了，根本不等我回应就一封接着一封。我也不知道该回些什么。

我感觉他挺好的，反正并不是第一次认识的那样坏。

当好学生真累，每天刷题到九十点的生活简直让我崩溃，我也想看小说，想去给MP3下满许嵩的新歌，还有我的《小时代3》还没看完就被妈妈没收了。

我无意中提起，等放学时他竟然拿了本《刺金时代》给我，简直和哆啦A梦一样神奇。

那天晚上，我没做完规定数目的卷子，倒是看完了小说，崇光回来了真好。

我把书递还给他时，他不接书，却握住我的手腕。稍一用力，小说掉在地上，我的手落在他掌心。

他手掌好大，掌心很烫，我触电般忙着挣脱，回到座位。心快要跳出来，从耳膜里传来鼓擂声，汇成电流由远及近，像火星一样燎红了脸。

王钦爻 2011

我就说嘛，小爷这么风流倜傥，喜欢的姑娘怎么会追不到。由于对她的好感，我竟然也产生了好好学习的冲动，虽然也就一丢丢。她可是要考重高的人，我总不能太差。

她很在乎别人的眼光，有点畏首畏尾，也不难理解，毕竟是好学生嘛。我们只在固定的大间操课间在一起比较久，还是一群人并排走，女生们手挽手，我和胖子在她旁边随着人潮慢慢移动。女生走路慢，我把一步分成两步走，低头看她，她聊在兴头上也会冲我笑，板牙真大，小肉脸真白。小蘑菇在阳光下发光，快要晃晕我。

都说送心爱的女孩儿回家，东南西北都顺路，而我是真的顺路。我们的上学路线有一段是重合的，我把我心爱的山地车安了个后座，每天早早地在她家小区南门等她，喝她剩下的牛奶，偶尔给她带小市场的煎饼果子，她总要双份沙拉酱。

侧着身坐在我的宝贝坐骑上，她把手插在我校服口袋，双腿摆呀摆，我要控制不住方向了才消停。

以前回班级总爱脱掉校服穿里面的衬衫。有次一揣兜，摸到好几张叠得方正的小纸条，是她写的。

我将它们压得平整摆在桌洞里，毛手毛脚不知道该怎么收藏，怕搞丢怕弄脏。后来口袋里的东西开始变了花样，竟然还有大白兔奶糖……

我好想把我的小蘑菇也揣在兜里，天天带在身边。

张莫扬 2011

和没心没肺的人在一起开心起来总是很容易，我想我是喜欢他吧，虽然我也不知道喜欢他哪里。

还很羡慕他。只做自己喜欢的事，不喜欢念书就不读，喜欢画画就朝那方向努力，这种生活方式我想我不会拥有。谁让我是父母眼中的乖小孩儿，按部就班地去学特长，去努力读书，可有很多时候，我也搞不懂自己在追求什么，迷茫得看不清未来。

我想，和王钦爻在一起应该算是我做过最勇敢最叛逆的事了。我不能耽误学习，也不能让父母老师知道我早恋。他好像并没有这方面的担忧，总把我的名字挂在嘴边，会一道题也说是我教的，我可没给他讲过题！

他是我的哆啦A梦，总变着花样对我好，给我玩各种新奇的玩意儿，带各种小零食，还说我肉肉的脸手感真好。什么人嘛，人家才不胖呢！

王钦爻 2011

转眼就到冬天，东北就这样，初雪就毫不留情，没被踩过的地方积雪已然没过了脚背。

大课间我拖着她到操场上打雪仗。大家战得正酣，她傻站着，不断被四面八方的雪球误伤，融化在嫩黄羽绒服上的深色水渍越积越多。

直至我吼出："把我当成该死的应试教育吧！当成卷子当成中考！"

好嘛，即刻我眼前就炸开一个雪球。

我可真傻，下次应该说把我当成崇光啊，那她应该会冲上来拥抱我一下吧。

考虑到我俩的人身安全，我不再骑车载她，雪天路滑，她晃来晃去我俩肯定会摔得很精彩。步行也不远，不过需要早起半个小时，为了她早上能多睡会儿，我担负起给她带早餐的艰巨任务。

大棉服口袋里我们手牵着手，专门踩没人走过的雪地，身后蜿蜒着的是两排相依的脚印。

我一直清晰地记得那几个清晨，寒风刮在脸上刀割似的疼，手心里的温度却始终炙热。我们紧握着彼此的手，每一步都踩得踏实坚定，好像可以一直走很远，走向未知的未来。

有一天她放了一支润唇膏在我口袋里，是妮维雅的。我拆开包装涂到嘴唇上，又煞有介事地一抿，好想给她也涂一层。我看着黑板傻笑，居然被老班提问了。

张莫扬 2011

刷题刷到吐的时候，我开始胡思乱想。看的书再多也不清楚未来的方向，梦想太大，想做的事太多，竟无从下手。我想我真是活得不明不白啊。

他却特别爱谈未来，说以后我们去湖边建一座小屋，随处可见野兔和麋鹿，男耕女织，自给自足。我笑他异想天开，毕竟我还没有见过真正的兔子和麋鹿，不会做菜更不会缝补。更何况，我这么用功读书，

你是我对待过的最认真的时光

就为了以后住在湖边的木屋里织布？

我的成绩并没有大的波动，可老班还是发现了我早恋的端倪，妈妈当然在第二时间得知了这个消息。我不承认也不否认，自以为死犟下去也不会怎么样。

我们再也没法一起上下学，早晚妈妈都接送我。

我也不难过，那些一起度过的快乐时光足以让我感动很久。我没法靠爱情度日，刷不完的题很快就将情绪湮没。

王钦爻 2011

我也不知道自己哪来的自信，竟然跑去跟她妈妈说自己会赚钱养活她，中年女人坐在皮质座椅上，言语里没有嘲讽却句句伤人。

于是我又恢复到了之前上课睡觉、看漫画的状态，她发作业本到我这里不再大喊我的名字，本子以抛物线落到桌子上，抬头却只见她傲娇的背影。我掏出润唇膏狠狠地抹一层又一层，内心有一头凶猛的小兽，反复拉扯。

下学期我又回到了之前的中学，这次是我自己要求的，去他的狗屁升学率，我已经决定毕业后去念职业中专了，可以学我喜欢的动漫设计，可以早点儿工作赚钱，可以离我可笑又真挚的梦想再走近一步。

自那个春天起我再也没见过她，却总能听见那个甜腻温柔的娃娃音喊着我的名字，在昏昏沉沉的睡梦里，在踽踽独行的间隙，我甚至偶尔会模糊了声音背后的一颦一笑，声音却始终印刻在脑子里，她是我贫瘠青春最浓墨重彩的一笔啊。

张莫扬 2016

初中毕业后我没有再参加过同学会，有人问起就用各种理由搪塞。我无从得知他的近况，也不知道他春天之后又去了哪里，是否完成了他的愿望。

我在高中时代遇到过一些男孩儿，他们在楼梯口或者绿茵场对我表白，这时我总会想到那个给我写了一沓情书的少年，他还记得他的"瓦尔登湖"吗？

看到他的那一刹，面前成熟的脸庞立刻同脑海中那个嬉笑的男孩儿重合起来，没想到脱口而出的却是记错了的姓名，接着是礼貌客气的寒暄。原来这就是再相见，青涩年少的我们又如何会预料到这一天。机器猫遗失了口袋就不再是哆啦A梦，变不出任意门，也没有了记忆面包。于我，他成了点缀我青春的一个符号。

还是回头望了一眼，一并原谅那些随时光逝去的挂念。他学会了抽烟，袅袅烟圈里藏匿的表情，我看不见。

你是我对待过的最认真的时光

半夏的选择

崔馨予

女学霸沈半夏的正确打开方式

在上高中之前，沈半夏一直觉得她的人生中只有好好学习，考上名牌大学。自从三岁时候父母离异，她一直跟随父亲生活。内敛耿直的父亲，是一名的哥，收入不是很多也足够父女俩生活。从懂事开始，她就明白自己是父亲的宝贝，父亲虽然早出晚归，却对她百般呵护疼爱。第一次学到"掌上明珠"这个词的时候，她就知道，那是她，她就是爸爸的掌上明珠。

虽然没有妈妈，沈半夏却一点儿也不缺爱，因为爸爸给了她足够的爱。她正直善良，容易满足，对人没有过多要求，是个自强自尊自立的充满正能量的小姑娘。上幼儿园的时候，爸爸因为交班时间晚，她经常都是班里剩下的最后一个小朋友，但是她从来不哭不闹，因为早上的时候已经和爸爸约定好，爸爸晚上会带着礼物来接半夏，有时候是一根棒棒糖，有时候是一个漂亮的发卡，有时候是一块巧克力，有时候是一张卡片。不管是什么礼物，半夏都会给爸爸一个大大的拥抱，高高兴兴地牵着爸爸的手回家。

就这样，爸爸一边开车一边照顾半夏，半夏一边享受着满满的爱一边慢慢长大。她每次考试都是第一名，因为她记得第一次拿着第一名的奖状给爸爸看时，爸爸的眼睛高兴地放光，爸爸抱着小小的她，满足地感叹："我姑娘真聪明，是个读书的料，半夏，好好学习，将来考上名牌大学，找个好工作，爸爸也就没什么可担心的了。"小小的半夏，悄悄的把这句话记在了心里，并且每天用功读书，每次考试都是第一名，因为她知道，那样爸爸眼睛就会放光。

上了初中，沈半夏已经俨然一副女学霸的势头，成绩永远是年级第一名，还参加过多次奥林匹克竞赛并获奖。按照爸爸和亲戚朋友所设想的，初中毕业，半夏毫无意外地考上了市里最好的重点高中。并且第一次入学摸底考试中，又是第一名，于是，很快的，这个瘦瘦的留着齐耳蘑菇头的女学霸，成了S市一中无人不晓的女学霸。而沈半夏仍然按照自己原来设想的路一步一步向前走着，直到那一场足球联赛改变了她的命运。

那年春天的一场足球联赛

在高一下半学期的春天，为了提升学生们对体育运动的兴趣，也为了缓解高中沉重的课业负担，S市一中举办了一次足球联赛，面向全体高一高二年级的男生，以班级为单位报名参加，连续一个月的时间，每个周五下午开赛，以淘汰制的比赛规则，决出冠军。

按理说这场足球联赛跟沈半夏半毛钱关系都没有，因为她家的老鼠都知道，这个女学霸什么都好，就是不爱运动，中考的体育考试都是铆足了劲儿硬着头皮去考的。可是沈半夏却挨了个足球迷的同桌，石晓楠。石晓楠是个超级活泼外向的女孩儿，爱足球那是爱得神魂颠倒，因为她有个爱足球的偶像鹿晗。石晓楠就像个播报机一样，整天在半夏耳朵边念叨着她的偶像。

"哎呀，半夏，你看我家鹿晗帅不？"

"我跟你说，我家小鹿鹿去上了个真人秀的节目，还在校园的球场上踢球来着，那球技，简直了我说！"

"我的小鹿鹿怎么能踢球这么帅，唉，你说他要是咱们学校的多好，我一定要去跟他表白，我的爱啊，么么哒！"

……

每次半夏都是一脸黑线地听完石晓楠各种花痴鹿晗的"花言花语"，因为在她看来，这个被石晓楠称为"小鹿鹿"的男生，除了皮肤白点儿，嘴唇红点儿，发型很酷，笑容很阳光，也没什么特别吸引人的地方。半夏一边想着一边默默地拿出作业本，问道："晓楠，一会儿上课老师要默写《岳阳楼记》，你背完了吗？"

"啊？啊！啊……完啦，我把这事儿给忘了，半夏，一会儿默写的时候让我看看哈，求你了，求你了，拜托拜托，最后一次，下次我一定提前背。"石晓楠在一惊一乍之后，迅速做出反应，双手合十，诚恳地央求半夏道。

足球联赛开赛的第二周，周五下午，石晓楠异常兴奋地冲进教室，"半夏，半夏，"气喘吁吁的她冲到座位上，挽着半夏的手臂摇晃着，"你陪我去看足球联赛吧！今天参加比赛的是三班和四班，三班的唐志远是前锋哦，我关注他很久了，"石晓楠用闪着光的大眼睛巴巴地望着半夏，"哦，对了，唐志远可是上次期末考试的年级第二名呢，你就不想去看看劲敌啥样？俗话说得好，知己知彼，百战不死……"

"呃，是百战不殆啦……"

"反正意思就是一样的嘛，嘿嘿，怎样，去不去？去不去？"

唐志远，半夏对这个人还真是有印象，上学期期末排名表上，这个第二名的成绩仅仅比她少两分，要知道，她以前可是都领先第二名好多分的，晓楠这么一说，她还真是想看看这个劲敌的庐山真面目了。

操场上比赛已经开始，石晓楠拉着半夏在人群里挤呀挤，蹭啊蹭，好容易找到一个靠边的角落，刚站好，突然听到有人大喊："闪开啊——"她本能地向着喊声的方向看去，眼前一黑，她就什么也不知道了。

落地轨迹是由起始速度和方向在重力加速度的作用决定的

再醒来的时候，一睁开眼睛，就看到石晓楠挂着满脸的鼻涕和眼泪，忧心忡忡地望着她："半夏，你醒了？呜呜，你可算醒了，吓死我了！对不起，我不该拉你去看球赛的，呜呜，你疼不疼，都是我不好……"她反应了好半天，这才发现自己正躺在医务室的床上，然后又回想起，刚才是在操场上，好像是被什么给砸到脸上，就晕过去了。石晓楠还在边哭边说着什么，半夏坐起来，安慰她道："晓楠，我没事，你别哭了，我没……"正说着，一个个子高高的男生朝着她们走过来。

"你醒了是吧？"男生很嚣张的样子走到床边问道，不等半夏回答，又紧接着说，"我说你这人真是奇怪，我明明叫的是闪开，其他人都躲一边去了，你倒好，还迎头撞到我的球上，你是不怕死还是头比别人都硬啊？"

沈半夏这才知道原来自己是被踢出场的足球给砸晕的，正要说话，石晓楠先开口了："你有病吧，是你自己乱踢球砸伤了人，你不道歉，还嫌别人不躲开，你也太没教养了吧。"

半夏正想劝石晓楠算了的时候，踢球男生身后又闪出另一个男生，很谦虚的样子，立刻说："对不起啊，真的很对不起，他真的不是故意的，我替他向你们道歉。哦，对了，我是唐志远，是三班足球联赛的临时队长，这是孙逸帆，我们真的很抱歉误伤到了你，非常非常抱歉。你看看你还有没有不舒服的地方，是叫校医老师再帮你检查下还是我们送你去医院做个全面的检查？"

半夏这会儿已经比刚才清醒多了，也大概弄清楚了事情的来龙去脉，她一边起身下床一边说："没事儿，我没有不舒服的地方，不用去医院做检查了。我接受你们的道歉，你们可以走了。晓楠，咱们走……"说完，拉起正在对着唐志远犯花痴的石晓楠就要走。

"没事还躺这么久，害我们比赛都没踢成，倒霉。喂，奉劝你一句，这么招球喜欢，以后还是离球场远一点儿吧。"孙逸帆两手插兜，对着沈半夏挑衅道。

沈半夏停下脚步，转身对着那个嚣张的人说道："这位同学，有两点，第一，不是我招球喜欢；第二，足球的运动轨迹是抛物线，抛物线的落地轨迹是由起始速度和方向在重力加速度的综合作用下决定的，也就是说，球是在你给的速度和方向作用下才飞向我的。最后，我也奉劝你一句，还是多练练控球速度和方向，再正式上场吧。以及，我不叫喂，我叫沈半夏。"说完，拉起石晓楠，大步走出校医室。背后的孙逸帆突然一脸震惊的表情，随即又露出一抹玩味的笑意。

今天又要说女学霸怎么了

被球砸中这场风波很快就过去了，沈半夏以为自己的生活很快又会恢复到原来的样子，平静而简单，但事实往往不按照你所期望的那样发展。由于唐志远这个人为人一向细心谨慎，虽然肇事者并不是他，而且半夏多次表示没有大碍，但他仍然坚持带上孙逸帆隔三岔五来慰问半夏。半夏每次都直接说完没事，就开始看自己的书或者做自己的功课，但是石晓楠却不同，因为热爱足球，又性格开朗，很快，她就跟三班这两个球场主力混熟了。

所以，原本只每天念叨鹿晗老公的石晓楠，最近的播报内容又多了两个人——唐志远和孙逸帆。但是奇怪的是，孙逸帆在石晓楠口中出现的频率越来越多的同时，在半夏的身边，他出现的频率也似乎越来越多。

打扫完卫生，她把工具送回清洁室放好，一走出来迎面就见孙逸帆也拿着工具去放，一脸无害地招呼："哟，女学霸也今天打扫卫生啊"；上学路上，她骑车总感觉身后有人跟着，于是越骑越快，等到了学校，一下车，身后就传来一句，"嚯，女学霸体力相当不错嘛，骑车真够快的"；中午吃完饭，去洗饭盒，正在琢磨那道数学题应该怎么解，孙逸帆突然挤到她身边，"哇，女学霸的饭盒还是粉色的啊，这么梦幻"。

这天，升旗仪式结束后，石晓楠因为没穿校服被班主任叫去训话，半夏一个人往教室方向走着，突然，孙逸帆又不知道从哪儿蹿到她面前，这次没等他开口，半夏先问道："今天又要说女学霸怎么了？"孙逸帆没想到居然被反客为主了，明显愣了一下，随即马上又恢复了他痞痞的笑容，"没什么，想说女学霸今天很美丽"，说完扔了风中凌乱的半夏转身走了。半夏的脸一下子红了，长这么大，经常被人夸奖很懂事很乖巧之类的，爸爸对她的夸奖也基本是"我家闺女真可爱"云云，却从来没有人说过她美丽这种话。

那次之后，不知道为什么，每次一看到孙逸帆靠近，半夏就本能地想躲开。虽然那次之后，孙逸帆见到她也不再打趣"女学霸怎么了"，也从没再说过"美丽、漂亮"之类的话，但半夏总觉得好像有什么东西在她的心里悄悄发生着变化。

我就是喜欢看你一本正经的样子，还挺像个女神的

077

转眼暑假到了，自从上小学以来一到暑假，半夏都会回乡下奶奶家住上一阵子。一方面看望爷爷奶奶，另一方面也为了减轻爸爸的负担，让爸爸也放个暑假。7月的第一个星期，爸爸送半夏回到奶奶家。

这里还跟从前一样，有花有树有蝴蝶，有小溪有小鱼有小山坡，有亲爱的爷爷奶奶每天做好吃的饭菜，有邻居的月月姐姐陪她一起爬山采摘，还会相约一起去村口孙奶奶家的兰花房看兰花、看书。

这天，月月有事不在，半夏一个人来到孙奶奶家的花房里看书，看着看着，感觉有人进来，她一边站起身一边问："月月姐，你不是说有事不……"一句话没说完她就愣住了，因为进来的既不是月月姐，也不是孙奶奶，而是，孙逸帆。

孙逸帆看她愣住的样子，笑起来："怎么，女学霸得了脸盲症

吗？不认识了？"

"你，怎么会在这儿？"半夏奇怪地问，"啊，不会你就是孙奶奶说的不经常回来的孙子吧？"

"聪明，我说什么来着，不愧是女学霸。"孙逸帆继续笑着回答。

突然，屋里陷入了一种沉默的尴尬气氛，半夏捧着书，不知道该说什么好。

"你是不是挺意外的？其实我早就知道你，我奶奶经常跟我提起你。"孙逸帆试图打破尴尬的气氛。

"哦，是吗？"半夏不冷不热地回答道。

"我知道上次砸到你那件事是我不对，可我当时还不知道你是沈半夏，呃，不是，就算你不是沈半夏我也应该道歉来的，呃，也不是，不是那个意思，唉……"

"噗——"看着他有点儿滑稽的样子，半夏一个没忍住笑出声来。

"咳，你可算笑了。"孙逸帆长舒了一口气。

听他这么一说，半夏又有点儿不好意思起来，又沉默了起来。

"其实吧，我后来说你女学霸怎么怎么了，就是想逗逗你，没别的意思，你千万别误会，我没有歧视女学霸的意思。"孙逸帆继续解释着。

"嗯，我知道。"

"其实，我就是喜欢看你一本正经的样子，还挺像个女神的。"孙逸帆挠着头不好意思地说着。

半夏的脸一下子红了，捏着手指头不知道该说什么好。花房里再次陷入一片尴尬的氛围。

"对了，你上次说的那个什么抛物线，起始速度和方向，还有重力加速度，能不能给我详细讲讲，我之前的物理课完全没弄明白这块。"还是孙逸帆再次打破沉默。

半夏点点头，小声说了句："可以。"

这个夏天，似乎注定要不同于以往的夏天。自从孙逸帆出现之后，月月姐姐似乎就抛弃了半夏，总是以各种理由推脱不陪她，而孙逸帆却总是以各种理由出现在她周围，一会儿讲物理作业，一会儿请教化学作业。

慢慢地，她和孙逸帆变得越来越熟悉，讲完功课，两个人也开始谈天说地，当然聊得最多的还是这片乡村里的各种回忆。聊天中，半夏得知，孙逸帆父母也是在他小时候就离婚了，小学之前，爸爸忙于生意，他一直生活在这里，跟着爷爷奶奶，后来上学之后才回到爸爸那里。那之后，他只有每年过年的时候跟爸爸回来这里探望爷爷奶奶。半夏正好相反，寒假的时候出租车生意清淡些，爸爸会把爷爷奶奶接到城里过年，夏天他们才会回乡下，所以两个人从来没见过。

相同的年纪，相似的家庭背景，相仿的心路历程，让两个人慢慢敞开心扉，逐渐彼此吸引。

你们这是早恋，会毁了彼此前途的，尤其是你，半夏

升入高二，两个人悄悄保持着联系，青春年华那种情窦初开的美好，让两个人沉浸在自己的小世界里。

这样的关系持续到高二快结束，他们的关系终于还是被老师发现了，两个班主任一怒之下把半夏和孙逸帆的爸爸都叫到了学校。半夏是优等生，是老师眼里的好苗子，所以批评的话基本都是冲着孙逸帆的。半夏的班主任"谆谆教导"半夏："你们这是早恋，会毁了彼此前途的，尤其是你，半夏。"孙逸帆的班主任也指责他不该去影响其他班的好学生，逼着他承诺不再跟半夏有来往。最后，班主任让两个爸爸把孩子带回去，反省一个星期，再回来继续上学。

这一个星期对半夏来说，简直就是煎熬，她不知道该怎么做才能解决现在的窘境。她一直认为，她和孙逸帆彼此没有任何越轨的行为，

也没有影响到学习，为何老师和爸爸会如此生气，难道仅仅是因为她是学霸而孙逸帆是学渣？她很担心孙逸帆的处境，因为现在所有的压力都指向他，也只有她知道，他远没有外表看起来的那样坚强，他其实只是个倔强的需要理解和保护的大孩子而已。

七天很快过去了，半夏回到学校，向老师诚恳表态，以后会集中精力好好学习，于是，老师也没再为难她。可是孙逸帆的情况比她想象的还要糟糕。

原来，就在刚刚过去的这几天，孙奶奶因为突发疾病去世了，孙逸帆受了重重的打击，一蹶不振，消失不见了，连他爸爸都找不到他。没有人能比半夏更了解孙奶奶对于孙逸帆有多重要，从小没有妈妈，爸爸又忙于生意，奶奶是他最温暖的心灵港湾，现在奶奶去世了，她明明白白地知道那对于孙逸帆意味着什么。早恋事件的压力，加上失去奶奶的痛苦，她无法想象孙逸帆能不能承受得住这样的双重打击，她担心极了。

她偷偷去找孙逸帆的爸爸，请求他告诉自己孙逸帆有可能会去的地方，但是孙爸爸的态度是，这个儿子太让我操心了，现在他走了更好，自生自灭由他去吧。最后还是唐志远帮助半夏在一个叫明朗酒吧的地方找到了孙逸帆，已经喝得烂醉的孙逸帆就趴在地上，半夏强忍着眼泪，和唐志远一起把孙逸帆送回了家。迷糊中的孙逸帆，一会儿喊着妈妈为什么不要我，一会儿喊奶奶不要走，一会儿喊半夏别不理我，半夏忍了很久的眼泪，顺着脸颊流下来，她太心疼这个平日里佯装坚强的男生了，可是她却不知道要怎么帮他解决眼下的难题。

每一个选择，都要放弃一些东西，放弃，有时候是暂时的

安顿好孙逸帆，半夏准备回家跟爸爸再谈谈跟孙逸帆的事，一进家门，被眼前的情景惊呆了。自己家的客厅里，一个穿着华丽的漂亮女人坐在沙发上，跟爸爸谈着什么，而爸爸一副眉头紧锁的样子。

见她进来，女人立刻站起身，急切地向她走来："夏夏，你是夏夏，我的乖女儿，我是妈妈，妈妈来接你了。"

半晌后，半夏终于弄清楚了眼前是怎么一回事。当年跟爸爸离婚后，妈妈就出国追求自己的事业，现在妈妈功成名就，觉得愧对半夏，希望能够对她做一些补偿。妈妈已经在美国帮半夏联系好了学校，现在立刻就可以走。妈妈这次回来，非常诚恳地请求爸爸能够让她带半夏出国接受更好的教育，爸爸的本意并不想女儿离开自己，但是出国留学毕竟是人生大事，爸爸决定让半夏自己做出选择。

这个晚上，半夏一夜没睡，最近一下子发生太多事，对于她这个本来逻辑思维还不错的人来说，也很难一下子消化掉。她知道，出国留学是个千载难逢的好机会，可能从此改变自己的一生命运；她知道，爸爸视她为掌上明珠，肯定舍不得她离开；她知道，她其实不恨妈妈，也知道妈妈其实很爱她，很想补偿她；她还知道，如果现在就告诉孙逸帆她要出国留学的事，那么他就真的再很难振作了。她纠结着，烦恼着，一直到天亮，她终于在心里做出了一个选择。

世界上有千千万万种选择，每一次选择，当你要得到一些东西的时候，就意味着必须放弃一些东西。但是，好在，有些放弃的东西可能是暂时的。

让我们来做一个约定吧，暂时的放弃是为了永久的拥有

这天，半夏先跟爸爸说了自己的决定："爸爸，我决定去留学，但是我打算高考结束之后再走，而且我跟你约定，在那边读完大学我就会回来。我希望用我的所学让爸爸以后过上衣食无忧的好日子，让您不用再那么辛苦地去开出租车。"

爸爸欣慰地点了点头说："爸爸很开心你有选择的勇气，这就足够了，至于以后你要不要回国，爸爸永远支持你的决定，只要你能够幸福，比什么都重要。"

鼓起足够的勇气，半夏来到孙逸帆家，他的酒已经醒得差不多了。两个人彼此沉默着，僵持着，半夏说："你知道吗？有时候我们做一些选择必须要放弃一些东西，但是暂时的放弃并不代表永远失去。我们现在是学生，应该要好好努力读书的，是吗？我们来个约定吧，剩下的一年高中生活，我们一起努力学习，全力以赴，我们一起考S大，好吗？"

孙逸帆想了想，似乎有些犹豫。半夏接着说："你是不是不相信自己，我跟你说，我相信你，请你也一定要给你自己一点儿信心，我相信以你的聪明，一年的时间，足够了！"当看到孙逸帆终于重重地点了点头，半夏笑了。

奋斗的时光总是转瞬即逝，一年后，高考在雄壮的气氛中拉开了帷幕，学生们像英勇的战士一样赴战考场。当最后一场考试的收卷铃声响起的时候，所有人都还像在梦境中一样来不及醒来。沈半夏恍恍惚惚地走在考场外的走廊中，神思远飘。

突然，一声"老子解放啦！"的号叫平地而起，紧接着教学楼里立刻响起千千万万声的吼叫，常人根本无以名状的压抑，在这一瞬间彻底释放。很多女生激动得哭了，半夏也哭了，可是她的眼泪里除了激动，还有一份深深的不舍。

高考过后两个月，当孙逸帆拿着S大的录取通知书以千米冲刺的速度来到半夏家门前时，迎接他的是半夏的爸爸，还有一封来自半夏的亲笔信。

孙逸帆：

当你看到这封信的时候想必你已经拿到了S大的录取通知书，恭喜你。

但是，对不起，我暂时不能和你一起共同庆祝了。我不能辜负妈妈要接我出国留学的一片好心，也无法放弃实现自己一直以来梦想的机会。还记得我之前说的吗？每一次选择都需要放弃一些东西，但有的放弃是暂时的，是为了换得以后更好更持久的拥有。

　　现在我们都有更多选择的机会，希望将来我回来后，看到的是一个全新状态的你……

尾　声

　　四年后，S市机场，一班美国飞来的航班到达，在出闸口涌动的人群中，一个长发披肩的美丽女生努力穿过人群向前眺望着，正是沈半夏。她似乎在寻找什么，忽然间，她笑了，笑得那样纯真，那样满足，仿佛拥有全世界一样幸福。在她的视线尽头，有两个男人在等待着她。一个是爸爸，一个是孙逸帆。

　　沈半夏拖起行李箱飞快地跑向他们……

你是我对待过的最认真的时光

221B

　　宿舍是一个将私人空间压缩到最小的地方，我十分庆幸能够遇到这样几个有趣的人和我分享这一片空间。五个人在这狭小的宿舍里刚刚好，似乎多一个人就过分拥挤，少一个人又太过冷清。无论发生什么，就像我们初次见面时说的那样：接下来的日子，就请多多关照啦！

221B

三八四十一

当你住进一间编号为221B的宿舍时，你就该知道你的舍友不会十分正常。就算没有机敏神秘又离群索居的福尔摩斯，也没有英勇果敢却略显呆萌的华生，也该有几朵华丽绽放的奇葩。

虽然我们宿舍不比贝克街221B那般声名显赫，但作为一间学生宿舍也算是个传奇了，毕竟年段文科第二名和第三名都在我们宿舍，至于为什么年段第一不在——我想最本质的原因在于他是个男生。

年段第二名同时也是我们舍长，与其他宿舍通过抽签选举舍长的方式不同，我们的舍长是经过大家协商后一致推选的，充分显示了我们宿舍民主平等自由的良好氛围。

舍长是我们宿舍里最为德高望重的人，这不只是因为她温良的性格，还因为她老爷爷一般的生活习惯。舍长几乎不吃薯片、汉堡这类垃圾食品，如果把核桃、巴旦木这类坚果也算作零食的话，那么舍长勉强还算食人间烟火的。

但舍长对于零食所发挥的作用的理解显然和我们不同。某日课间我正在享受美味的好丽友派时舍长路过我的座位，我好意问她要不要吃一个，舍长带着一种老人家特有的矜持口吻拒绝了。我问她："你现在不吃点儿东西到第五节课不会饿吗？"舍长回答："怎么会，我也有吃红枣夹核桃啊。"我迟疑了一下："那玩意儿这么点儿，能抵饿吗？"

舍长说："当然能，核桃热量很高的。"我彻底无语了。脑海中不断回荡着：

"核桃热量很高的……"

"核桃热量很高……"

"热量很高……"

"热量……"

哦。

作为一个生存只是为了吃的胸无大志的废柴，我第一次见识到"吃只是为了生存"的人生观，着实高山仰止，令人叹服。

舍长的上铺就是年段第三名，是一个经常脱线、聊天时总是无法和我们保持在同一频道上的妹子。

妹子看起来就是个规规矩矩、绝不会在这种紧要关头谈恋爱的乖宝宝。但这也只是"看起来"而已，事实上妹子不仅是我们宿舍唯一一个脱单的，而且她和她男朋友的关系都已经得到了双方父母的承认——这四舍五入就是结婚啊！于是我们宿舍经常弥漫着恋爱的酸臭味。

妹子的男朋友叫阿彦，因为我们学校是全封闭式的，与外界的唯一联系就是宿舍里那部电话，异地恋本就够心累的了，更何况是联系受到限制的异地恋。于是小吵小闹成了他俩的日常。前几天大概是吵得狠了，妹子挂断电话后愤怒地爬到自己的上铺，抓起那个印有她男友卡通形象的等身抱枕，掐住它的脖子："我真想把它扔出去！"我们纷纷安慰她："扔了太便宜阿彦了，拿根绳子绑在抱枕脖子上，吊到风扇上去！""然后等放月假发了手机拍下来发给他！""对，告诉他：'哼，跟我吵架，这就是你的下场！'""或者把它扔在搓衣板上。"我们争相出着可怕的主意对付那个无辜的抱枕，然而慢慢地我们的脑回路又跑偏儿了："我们可以把这个抱枕吊到风扇上，再把蚊帐披上去，晚上生管来查寝的时候……""哈哈哈哈对啊，吓不死她！""记得拿夜灯幽幽地给它打个光！"妹子顿时整个人都不好了："别人家男朋友的抱枕不是被你们这么拿来玩的啊喂！"

……一点儿舍友爱也没有了。

我们宿舍最闹腾的一人，吴某，也是最有毒的一个人。之所以叫她为"某"，是因为某日舍长问吴某借桶时吴某格外庄重地坐在床梯上，神色肃穆地一挥手："朕准了，去拿吧。"我也开始间歇性犯中二："大胆刁民，竟敢以下犯上！"另一个舍友言午在另一旁也威严十足地恐吓："小心舍长让你在宿舍门口跪搓衣板！"舍长这时从阳台探出头来："犯罪嫌疑人吴某，桶还你，谢谢！"我们愣了片刻，一边爆笑一边感叹舍长跟我们学坏了。于是吴某这个称呼就这么定了下来。

吴某不是我们本地人，所以刚到学校住的几天，她由于水土不服——便秘了。每到熄灯查过寝后她都会不死心地再跑一趟厕所，这天晚上生管迟迟没来查寝，我们跟她说："哎呀你要去上厕所就去嘛，万一生管真的来了我们帮你说一下就好。"她说："算了，多一事不如少一事，等生管查过了再说。"于是过了几分钟，生管终于来查寝，吴某又跟我们聊了片刻后突然直起身："对了，差点儿忘了我的承诺！"我们都被她的郑重其事吓了一跳："什么承诺？""生管走了之后去拉屎啊！"说着她从上铺爬下来，拍拍屁股去上厕所。

等到我们都快睡着的时候，她居然从厕所里兴高采烈地跑出来："我拉了！我拉了！好大一坨！"我们集体沉默了。言午吐槽她："你拉完还特地去看啊？"她理所当然地回答："是啊！我可是个念旧的人！"我们纷纷翻了个身背对她，拒绝和她进一步谈话。这女的绝对有毒！

言午之所以叫言午，是因为刚认识的时候她十分矜持地自我介绍："我姓许，言午许。"这番文绉绉的话和她那单纯可爱的长相蒙蔽了我们的双眼，让我们在一开始时还天真地认为这孩子"单纯不做作，和外面的妖艳女人都不一样"。就连班主任曾经对吴某说："言午这么单纯，你不要带坏她。"

后来我们才发现言午其实是个腹黑女，总是调戏好脾气的舍长。舍长说她暑假的时候受她表哥邀请去广西玩，顺便学了一下网店的运作流程。言午说："广西哦，传销组织基地哦，没想到舍长你居然是这种人！"舍长很无辜："没有，我学的是电商……""这都只是表面啦，这种套路我懂的！""你懂什么啊，是我表哥……""噢噢你表哥是传销组织扛把子是吧？放心我不会说出去的。""没有，你想多了，我只是去帮忙……""帮什么忙？"言午说着一脸惊恐地抱着自己，"你不会帮他到这儿来发展地盘吧？怪不得我们班的人都那么喜欢你，原来是中了传销的毒！"舍长捂着脸觉得自己再也没法儿洗白了。我在一旁"啪啪啪啪"鼓掌："言午啊，世界欠你一个诺贝尔文学奖……"

再后来连班主任也认清了言午的本质，于是当言午向他抱怨生管太凶时，班主任"呵呵"一笑："生管再凶能有你凶？"回到宿舍后言午格外不爽："说我凶就算了，说我比生管凶我可不服气！"恰巧这时生管的怒吼在走廊响起："吹休息哨了啊！都不许讲话！"言午一个激灵："我发誓我绝对不要变成生管这样的女人。"这时吴某幽幽回了一句："太美的承诺只因太年轻。"言午作势要脱拖鞋拍她。

宿舍是一个将私人空间压缩到最小的地方，我十分庆幸能够遇到这样几个有趣的人和我分享这一片空间。五个人在这狭小的宿舍里刚刚好，似乎多一个人就过分拥挤，少一个人又太过冷清。无论发生什么，就像我们初次见面时说的那样：接下来的日子，就请多多关照啦！

写给你的信只剩下最后几封

杨欣妍

第一封信：笑忘歌

Z先生，我们的时光就像一颗包裹花瓣的透明琥珀般漂亮，所以我从没有想过，会在这样的时间里几近收尾。

按照时间的轨迹，这封信补给2014年的9月。

高二新分的文科班，我认识的人寥寥无几，除了以前的同班同学和文学社认识的女生，大概只和你有那么一点儿交集了。

我总是说不好我们是怎么开头的，大概就是开学第一天的中午，我的QQ号被盗了，找回来后看到你给我发消息问是不是被盗号了，就顺便跟你聊了几句，把你的数学作业提前预定了下来，还说："以后数学作业写完都给我。"

第二天下午，班主任把整个班级的位置做了完全的调动，我坐到了第一排，跟以前在你后面的位置相比，离你不算远但也不能直接说话。

周围的人都不熟悉，我只能凭着连蒙带猜的本领自己写完了作业，没想到晚上你给我发了消息："你说过以后我的数学作业都给你的，今天你没来拿，我觉得给你送过去也不好，要不现在拍给你吧。"

那时候的心情，我不知道是觉得你的话是好玩多一点儿，还是后悔自己写了作业多一点儿。

其实仔细想起来，最好笑的是之后那次你给我作业，很随意地走到我的座位旁边放下之后转身就走了，当时只是想，怎么还会有你这么别扭的男生。

我们的故事，就是在那时快要开始的吧。Z先生，那样的日子真干净。

五月天在《笑忘歌》里唱："屋顶的天空是我们的，放学后夕阳也都会是我们的。"

第二封信：灯塔

Z先生，这封信补给2014年的10月。

你在放十一长假的时候把我喊出来玩，然后我们就各买了一杯奶茶去KTV唱了两个小时的歌，虽然只有我们两个人，但在那间中包里一点儿都不显得无聊，因为你是麦霸。

你可以用QQ语音给我发唱歌的片段唱一个晚上，逛贴吧的时候你的贴吧记录里全是在唱吧回复的帖子。我不喜欢一个人唱歌，所以那天下午，我唱的时候你陪我一起唱，剩下的时间，就听你唱各种各样的歌，记得那天你还唱了首很老的《月亮代表我的心》吧。

你唱的时候特别深情，KTV里灯光昏暗，突然就觉得你挺好看的。

我唱完了一首歌之后，你把我的奶茶举到我可以直接喝的高度，不知道你的意思是不是让我直接喝，怕自作多情。尴尬地半天没动之后你又放了回去。

Z先生，你肯定不知道，之后你说我的眼神怎么那么嫌弃你的时候表情特别好玩，有的时候想起你会忍不住笑出来，就是因为你略带一点儿委屈和笑意的眼神动人如春光。

牛欣欣在《灯塔》里唱："就算没有谁明白我许下怎样的愿望，至少有你在身旁，我们在彼此身旁。"

第三封信：情歌

Z先生，这封信补给2014年的10月中旬。

第一次月考之前，同桌的女生很八卦地对我说："我跟你说件事情，你一定要相信我。"

我点点头，她在下一秒就很坚定地说："某某喜欢你。"某某当然就是你的名字。

所以那天我是有意把写给他的文章拿给你看的，那本有《给W先生的五封信》的《中学生博览》被我带到学校，一是想送给W，二是我想知道你看那篇文章时的表情。

把书给你之后，上课铃打响时我特意扭头望了你一眼，可是你不仅在那时候摆着一副一点儿感觉也没有的样子，之后把书给我时也一脸的淡定。我很快就在心里把同桌的话给否定掉了，更何况，我觉得友情大概会比这个年纪的爱情长久，我不舍得去喜欢你。

可是你能给我解释，那篇被我偷偷从你的本子上撕下来，现在被我夹在心爱的本子里的文章是怎么回事吗？

那天是星期五，我爸出差还没回来，放学时习惯性地让住校的你下午早一点儿来陪我。

你说好，结果却睡过了吧。等你的时候坐在你的位置上，顺手把你写文章的绿色本子拿出来翻看，那么厚的本子里只有寥寥几篇文章。很容易就看到了最后一篇。

你说："萤火之光怎与皓月争辉呀，又或许，是时间的问题吧。就像我现在静静地看着你递给我写给他的信，原谅我心里翻江倒海。但还是必须强装镇定呀，即使我现在很怕。"

Z先生，那天我没有跟你说我看了本子，整个下午我都不知道该怎么面对你，后来想想，大概从放下本子的那一刻起，我心里的人就变成你了吧。

你在第二天晚上给我发QQ留言说喜欢我，说我像太阳给你温暖，我没有犹豫就答应了。喜欢还是以绝对的优势战胜了害怕以后分开的小心情。

嗨，Z先生，我们的故事正式开始了。

梁静茹在《情歌》里唱，"你写给我，我的第一首歌，你和我十指紧扣，默写前奏。"

第四封信：雕琢

Z先生，这封信补给我们在一起的这整整四个月。

你对我真的挺好的，突然就想细细地说说一直安放在我心里的小事情。

你中午留下来给我补过数学，我再怎么走神转不过来弯也可以耐心地给我讲题，有一段时间给我抄的数学作业里，甚至在每一道题旁都细细地用铅笔写了解题过程。

你会每天给我买早饭，给我留"晚安"。你细心到有一次天黑的时候，靠我这边的路上有比较刺眼的电焊火花，你直接跟我换了个位置让我别看，还替我用手挡住。

现在我的文件夹里还有一张我们聊天记录的截图，你说："现在你是我学习的唯一动力了，我希望以后可以无忧无虑地带你去旅游，买你想买的给你想要的。"

对了，临近考试的时候你忙着复习，一两天在教室里都没怎么跟我说话，我给你留"晚安"的时候多发了一句："你都没发现我感冒了吧？"结果一直到第二天放学，我准备跟好朋友一起下楼的时候，你突然跟我说："其实我一整天都想过去的，早上我才看到你的留言，找到感冒药之后来学校想冲，结果杯子摔碎了，一天都没买到杯子。"

Z先生，我的记性真好，这样的事情还有很多很多，大概你都忘记了，那就只剩我一个人记得吧。

Z先生，那段时光是我生命里不可复制的绝版。

杜雯媞在《雕琢》里唱："谁将桑田刻成湖泊，谁将日月画成传说。"

第五封信：味道

Z先生，这封信写给现在。

我不知道问题出在哪里，新年到除夕，你连一句新年快乐都不回我，亏我还在零点的时候扛着空间系统的瞬间崩溃给你留了言。

从那天到现在开学，你好像人间蒸发了一样，如果不是每天中午、晚上和凌晨显示的3G在线，我想我大概更会担忧你怎么了。

我跟我妈吵架后发了好多人都问我怎么了的说说，你只是点了个赞，我别扭地给你发匿名消息，又把你的号删掉，之后等了你一天终于又自己加了回来，加回来后你终于理了我一次，只是解释说你太忙了。

有人说喜欢是时光开下的玩笑，我突然很担心你只不过是送给了我一个玩笑而已。我不想打扰你，就看着你的号亮起、黑白再亮起，周而复始。

这是我第二次也是最后一次用这样的格式给一个人写信了，本来想给你准备一份生日礼物，可是现在只剩我的独白。

我怀念在一起的时光，侥幸觉得未来还能一遍遍温习你的好。可是Z先生，如果要忘记你，大概也只是需要一段幸福和难过参半交织的漫长时光吧。

写到这里，我看了一眼你的号，它很安静地亮在那里，空间的访客每天几百人也再找不到你的头像。

胡彦斌在《味道》里唱："我想念你的吻……记忆中曾被爱的味道……想念你的笑……和你身上的味道。"

最亲爱的敌人

张宇恒

1

我从老师办公室走出来的时候，小佳正站在走廊上等着。看到我出来，径直擦过我，朝老师办公室走去。

说实话，我真的很讨厌小佳，她总是这样傲慢无礼，从开学第一天选座位开始。

我还记得那一天我去晚了，只有她身边还有一个空位，马上就要上课了。我喊了句："同学，你能往里挪一挪吗?"小佳像是没听见似的，一动不动。于是我又喊了一句，她还是没有动。我有些着急了，她却抬起头冷冷地看了我一眼，说了一句"迟到的人没资格选位置"。气得我一口血梗在喉咙管，至今没有咽下去。

从此，我与小佳便两看两相厌。

她看不惯我八面玲珑，玩转课堂。我看不惯她面无表情，假装正经。

我们之间就像楚河汉界，泾渭分明。原本是不会有什么交集的，可是没想到，老师的一个通知，却把我们联系到一起。

学校里要举行知识抢答竞赛，每个班都要两个人参加。这个重任自然就落到了常年竞争第一的我跟小佳身上。

2

老师分别找我和小佳谈话，大意是让我们克服个人问题，努力合作。

我垂头丧气地回到教室的时候，大家都在交头接耳，议论纷纷。几个平日里关系好的同学过来慰问，我都撇撇嘴，表示不想说话。

我不明白，为什么老师要让我们两个人去呢？我能弃权吗？

小佳进来得晚一点儿，看表情，没什么动静。她不是讨厌我吗？为什么会对这次安排无动于衷呢？仿佛为此烦恼的只有我一个人。

就这样过了几天，小佳都正常上课下课，沉默寡言，跟往常没什么区别。

只有我，急得像热锅上的蚂蚁，无从下手，又拉不开面子去主动找她。要知道，从开学那天起，我就再也没跟她说过话。

就在我犹豫着要不要再去找老师换人时，没想到，小佳先来找我了。依旧是没什么多余的话，只将一沓资料放在我面前。"这些都是知识竞赛要用到的，我找了几天资料，你有空看看吧。"

我目瞪口呆地看了看她，又看了看面前的资料。如果说，我们之间相隔的是楚河汉界，那么，老师的这次安排无疑是搭在我们面前的独木桥，而小佳，迈出了第一步。

想到我还在恶意揣测小佳，我忽然觉得羞愧难当，只能抱着资料埋头苦读。

那些资料一条条规划很细致，看得出来，小佳准备得很用心，她复印了两套，自己也在看。

渐渐地，我们俩课前课后都会慢慢针对比赛展开讨论，全心全意地为比赛做准备，我们俩达成共识，一定要努力为班级拿到第一名。

我记忆力比较好，小佳逻辑比较强。协商好作战计划后，我们各自朝着自己的方向努力。

比赛那天，我肚子痛，状态特别差。没想到小佳最先发现我的异样，在比赛开始前跑出去给我买药。

说真的，当时我感动得眼泪都要掉下来了。

比赛顺利拿到第一后，小佳轻轻抱了抱我，她对我说，一直很羡慕我，羡慕我热情开朗招人喜欢，羡慕我轻轻松松就能拿到第一，羡慕我每天都开开心心无忧无虑。

我这才知道，原来，小佳从来没有讨厌过我，一切只不过是我把她当成了假想敌。

3

不知道你们身边有没有这样的朋友，沉默寡言，行动力却极强。

这些人并不坏，只是，也许不善于表达。

我很庆幸老师安排这次比赛，她让我了解到，你以为的敌人，也许将是你最好的朋友。

097

与猫奴少女的爱恨情仇

走 之

丁丁站在讲台上，一脸陶醉地说："我要住在一个大大的房子里，然后养一大群猫猫，每天就看着它们，铲再多的屎我也愿意！"

同学在下面笑得两颊泛红，她依然沉迷于憧憬中无法自拔。

一个月前，从语文课代表传达"本学期演讲主题为理想"的命令时，丁丁就开始在我耳边不断重复她这个伟大的梦想，而且始终保持着热情洋溢的态度。

她爱猫，真的爱到了骨子里。

每次我去她家，她都是在地上，跪着看她的猫！有时候，猫会趴在地上，一派舒适的样子。猫奴少女立刻双眼放光把脸凑过去。下一秒，猫便大叫一声，一脸嫌弃地走出卧室，空留猫奴落寞地坐在地上……

"丁丁，你这是养了个祖宗吗？"

她掀起衣袖，露出几道划痕，淡淡地说道："不，我养了一只畜生。"

她从不在别人家留宿，嘴上说着怕麻烦，实际上是因为想她家的猫，"我每天吃饭看着它，换衣服看着它，写作业看着它，哎呀，它怎么能这么可爱呢……"

我只能狠狠给她一记白眼，轻声骂她"死猫奴"。

也许是和猫相处得太久了，丁丁真的就像一只人形猫。

她有一双纯黑的瞳仁，像猫一样的神秘气息——永远挺拔的身姿，永远优雅又无声的步伐，永远活在自己的世界里。

喜欢微低着头，喜欢坐在角落，喜欢倚着窗台看夜色。每天动作慢慢悠悠却有条不紊。

当她成了全市第一时，自然就成了全年段公认的女神。

我叫着："丁丁，你火了！"

她依然像猫一样满脸的淡然，唱歌似的回答说："火啥呀……"

在她爱猫爱得如痴如醉的时刻，我对我那只蠢狗的喜欢也泛滥成灾！

每天放学回家，一张笑着的狗脸摆在我眼前，它的大尾巴摇来摇去轻轻抽打我的脚脖，身前身后钻来钻去，最后一屁股坐在我的脚上，脑袋一晃一晃求抚摸。

"相比较你家那只祖宗，我家蠢狗真是可爱极了！"

我一边修手指甲，一边向丁丁挑眉。蠢狗在我的脚边躺着，舒服地发出"呼噜呼噜"的声音。它总是这样，喜欢在我身边，给我最忠实的陪伴。

然而，天道有轮回，我和蠢狗的相互感染，我也成了年段公认的"小热情"，我那群亲密的同学们也亲切地唤我："小傻之（子）。"

相处近两年，酷似猫狗的天性不和与惺惺相惜，我和丁丁也好像总是处在相互对峙又相互疼爱的状态。

"丁丁，下周我就串走了，再不能和你一桌了……你……会不会想我？"

我话还没说完，她的喜悦之情已经溢于言表："啊？真的吗？来，我帮你搬桌子！你串哪儿去？"

我压抑着怒火看她一脸的兴奋："第一排，谢谢。"

"啊？不能再远点儿了吗？"

099

她对我总是这样"不仁不义"，多少的抹茶饼干都换不来她的"有情有义"。就像猫，用多少的小鱼干都换不来它想要去探险、追求刺激与自由的心。

每次体育课上，丁丁都会拉着一群"志同道合"的少女们玩所谓"高级且需要智商的游戏"——编鬼故事。

然而剧情的走向，往往是从"一片荒芜的土地"这样神秘的开头走向"两个人幸福地走进咖啡馆"这样恶心的言情小说结尾。所以，每次体育课结束，丁丁都会阴着脸。

可爱的同学们问她："丁丁，你怎么啦？"

"别管我，我在补血。"

丁丁喜欢灵异小说，喜欢《十宗罪》，总像是站在阴暗世界里却还乐此不疲。她永远在寻求刺激，不珍惜她所拥有的那么多的平稳和温馨。

我总认为这么长时间，我已经看透了这个酷似猫的猫奴少女——永远活得自我，活得自私，偏爱浪漫又过于理智冷漠。

然而，在一个雨天的下午，这个女孩儿却带给了我最美好的温暖和感动。

为了迎接艺术节，各个班级在紧张的学习中努力挤出时间，在操场、篮球场、小树林，甚至借走了的教务处二楼平台练声、练乐器。

在那段浪漫的日子里，我常在政治课上听着舒缓的钢琴曲《天空之城》入梦，然后下课就被"老班"叫去，和同样刚刚在课上陶醉的同学到走廊罚站。

艺术节到来的前一天，我和丁丁约定国庆放假第一天，我们就去看枫叶，带着我的蠢狗和她视为己命的懒猫。我因此兴奋得不得了，那日晚自习排练的时候只觉得满脑子都是枫叶纷纷下落的场景。

而丁丁不知着了什么魔，跟不上节奏也站不齐队，我们只好一遍遍重来。

直到"鸡蛋黄"从西边落下，大家揉着腰，拍着腿，一面嚷着"饿死啦"，一面飞速地跑出校门。

一眨眼的工夫就只剩下我们几个人留下来打扫教室。我和丁丁打闹的时候，不小心触碰她灼热的手臂，我望向她，她的两颊通红。

"啊！死丁丁！你等着用脑袋煎牛排吗！"我抓起书包，带着她往家跑。

外面开始下雨，电闪雷鸣。

我急得焦头烂额却还打不到车，衣服被雨水淋透了，瑟瑟发抖。

恍惚间，感受到她慢悠悠地把冬季校服披在我身上。

我一时语塞说不出话来。

她轻轻笑着说："我的猫现在一定像它的主人一样有情怀，正坐在阳台上看夜景，嘿嘿……"

她纯黑色的瞳仁，在街灯照射下泛着光，美得我觉得几乎停止了心跳……

到家后，我把湿毛巾轻敷在她额头上，她睡意朦胧地看着我笑。

"死猫奴，你快点儿退烧，明天，我一定要去看枫叶，带着狗和猫。"

她轻轻点头，转过身去睡觉。我摸了摸蠢狗的毛，躺在丁丁身边。

我在想着明天骑单车追日出，在枫叶落下微风起的时候，拍下丁丁莞尔的照片，想着蠢狗和猫在叶间打滚，想着去小河边收集奇形怪状的石头。

我想，在我睡着的时候，猫奴少女也在做着同样的梦。

101

献给岁月的情书

颜 缭

日记，是写给自己的信，

信呢，是写给别人的日记。

——木心

想写一封时光慢递，给十年后的自己。

春天屋檐下的燕子，夏天池塘的雨，秋天长天里的云雀，冬天阶前的雪。

把季节写成信，沿着田埂上时间悄然走过的痕迹，向岁月问个好。回头再看时，有白雪落梅花，暗香盈盈。

最亲爱的我啊，不要畏惧时光流逝，因为它会披沙拣金，冲刷去表面的瓦砾，展露出生活本身。也请珍惜现在的每一天，每一天，都是千金不换的好时光。

最亲爱的你啊，我这一次想写一封很长的信，你是否愿意陪我从第一个字，看到落款的日期？

秋色笼露台

这个秋天我挺懒的。

我窝在座位上看小说，上面掩一本历史书。阳光落满教室的时候，整个校园就热闹起来。秋天把纱窗都染红了。窗外是学校的后山，有一棵树正在开花。我在看书，同桌在说话，一脸糯糯的笑容。

每天中午纪律委员都会把寝室的卫生和纪律分数抄在黑板上。接着便能听到各种哀号，因为分数如果不达标的话，他们就会被罚做清洁。作为一个走读生，我总是很乐于听他们讲寝室故事。学校晚上十点熄灯，这时候"床聊"才刚刚开始。他们在夜里说那些只知道皮毛的城市，还有那些著名的球队，拜仁、皇马、巴萨……梦想闪烁在彼此脸上，那些眼睛和星星一样亮。

我知道我与梦想在一起的时候，神情应该也是这般模样。

下午倒是听不了他们讲故事，下午我会懒洋洋地靠在教室的窗台上，散漫得就像饼干屑。日色变得很慢。把视线拉长，有远山一带，在眼前层层铺开，天上莲花似的云朵像植物一样茁壮生长。有两三粒雀起，在云层上歌唱。

我又想起你了，二十四岁的我。

此时我正在俯视操场。你还记得我们的操场吗？青砖爬墙虎，秋色笼露台。总是有男孩儿在足球场上奔跑，我每次看到他们都觉得，一群人追着一个球跑啊跑，那个球也是蛮累的。

我们学校在长江以南，这里应该算是在郊区吧。你长大以后有没有回来看过？当你路过那些花草，当你听见风吹过的声音，当你偶然在教室的某个角落里，看见十四岁的我留在那里的痕迹。也许你也会站在我站的这个位置，俯视操场？小城市浸润在干净的阳光里，而阳光又透过老旧的格子纱窗，一点点染红了你的衣服。

二十四岁的你是什么样子的呢？头发是我这样短短的吗？你会不会依然喜欢恶作剧，依然讨厌粉红色、长发和短裙？

关于未来呀，我有很多的想法。想得最多的，是我长久以来的梦想——当个图书馆管理员。小时候爱闻书的油墨味，长大了也想每天穿梭在书行中。手指触碰书的书脊，就好像在弹奏钢琴曲。

103

当然啦，我还想养一只猫，一条狗：猫呢，叫大小姐；狗呢，叫大少爷。我们仨并排坐在图书馆里，三个脑袋凑在一起，看着看着，阳光就温暖地铺满了半个楼层。于是书里写的变成了现实：日有阳光从唐朝山寺的钟声里启程，夜有月光鱼游历其间。

梦想真是真理一样的东西，甚至不需要任何解释。不过无论梦想会不会实现，我都希望你的初心不变，一直善良——即使你不够聪明。因为善良能使生活变得安然。

有一天我在等车，遇到了一件事。有一个老奶奶，把一只巴掌大的小猫放在了路边。猫很瘦，惊恐地望着街边陌生的人，尾巴竖得老高，因为主人的离开而喵喵大叫。它的眼睛是蓝色的，腿很短，所以跑起来的样子很笨拙。它在街边爬来爬去，声音因惊惧而变得尖锐，脸皱巴巴的，一副悲伤无措得要哭的样子。

没有人理睬这个惊恐的小家伙。它不禁让我想起，我小时候也是这样的吧？迷路了就急得大哭，因为妈妈不在这里，心里怕，觉得被大家抛弃了。

我就站在离它很近的地方，它因为害怕，尾巴尖颤个不停。它仰着小圆脑袋瞅我，慢慢爬到我脚边，在两脚之间找了一个觉得安全的位置，小脏身子蜷成一团，一脸"我很乖很听话请收养我吧"。可我没办法把它抱回家，家里不允许养动物。

我守着小猫，一直到它被一个路过的大学生抱走。

我跟你讲这件事呢，不是想强调那只猫有多可怜。人们都说社会是个大染缸，我因此而庆幸我还没有变成大人，我心底的东西还没有变，依旧纯白如同诗笔未落。

我没有什么宗教信仰，但我相信人性。亲爱的我，我愿你永远怀着一颗纯真的心，即使你偶尔顽皮，但始终良善。不然，我们学习的是仁慈，还是仁慈的面具？

日影斑驳中

亲爱的：

　　你好呀。

　　今天收到了你的来信。

　　这么些日子过去了，你应该长大了不少。你写下的这封信，信纸变得很薄、很脆，像一种我顶喜欢吃的薄饼干。我能够感受到有时间从字里行间溢出来，在指尖缓缓流动。还有那些梦想，你会问我实现了没有？嘿嘿，请容我卖个关子，暂时不告诉你。毕竟，这一切当然要你亲自经历体会才好。

　　谢谢你，亲爱的。这封信给了我莫大的鼓励。读完信之后我翻出旧照片，看见了你十四岁的样子。我一直很责怪那个时候的自己，因为她又臃肿又笨拙，但这一次我却看见，照片上我和朋友们在一起，笑容满面，一身阳光。

　　亲爱的，无论发生了什么，都没关系，我会在时光的深处等你。

亲爱的我

105

娘娘与唐宋的"恩爱"日常

贞真

嗯，我是贞真。没时间解释了，请接好您预约的狗粮。

高能预警：

从高一下学期分班，到现在的高二上学期结束，娘娘一直喜欢唐宋。这是一个全班都心照不宣的事实。

两个人都在重点高中的重点班，学理。外表娇小玲珑，性格大大咧咧的娘娘坐在唐宋的前排的左边，成绩勉勉强强在中下游徘徊。唐宋则是一个有着清爽干净气质的学霸，常年占据班级前三、年级前十的成绩榜位。两个人之前存在着那种按着娘娘头放肩上，就正好可以贴着肩窝的身高差。

娘娘大张旗鼓地喜欢唐宋许久，在一波一波的猛烈攻势下，唐宋虽然仍死咬着不松口，但两个人已经成为众人眼中事实上的一对了。

一

圣诞节将到。娘娘摩拳擦掌地预备给唐宋织一条围脖。

说做就做，准备好必需材料后，娘娘瞒着家人织了近一个礼拜，一条丑陋到只能夸赞"你很用心"的围脖横空出世。

圣诞节那天中午，娘娘把围脖和精心准备的两张贺卡、一封信放在一个割肉出价三块的漂亮袋子里，当着全班的面递给了唐宋。

唐宋保持面瘫形象，一脸冷淡地把袋子接过去放在桌子上，二话不说转身就出门……去了厕所。留下呆若木鸡的娘娘和在风中凌乱的其他人。

娘娘当时愤愤地想，哼，都不要和我说些什么吗？

后来听她安排在唐宋身边的一个"僚机"说，一向面瘫冷淡的唐宋转身脱离大家视线后，嘴角咧得大大的，笑了好久，那幸福的傻样把其他班熟知他冷淡性格的人吓得一愣一愣的。

二

唐大学霸物理好得令人发指，物理分数经常是娘娘物理分数的两倍有余。

于是，在班主任老杨常常宣扬的"同学之间要互相帮扶，共同进步"的政策下，娘娘经常趁着下课，拿着一张物理试卷，狗腿地蹭到正认真学习的唐宋身边去，扯扯他的胳膊。待唐大侠不耐烦又无奈的眼神飘过，指着物理试卷第一道题说，学霸救命。

唐宋一脸看智障的表情，第一道题都是送分题，你不会？

娘娘一脸无辜的表情，这是复习卷，第一道题还是有难度的，我不会多正常。

真蠢。唐宋不耐烦地扯过她的卷子，拿出草稿纸，讲解的时候却耐心之至，用几乎是哄小孩儿的语气轻柔地问，这个乘这个等于几呀？这个公式是什么呀？接下来我们要……

娘娘愣愣地看着喜欢的男孩儿用细长白皙的手指执着笔，为了她把这种侮辱智商的题在草稿纸上演示了一遍又一遍。

阳光正好，把校服领竖得高高的遮着下巴的唐宋的侧脸是那么好看。

三

在娘娘多次"诱骗"唐宋小朋友一起出门看电影无果后，娘娘终于等来了全班利用周末时间在班上放电影的机会。

娘娘以带一礼拜早餐为代价讨好唐宋的同桌，得偿所愿在周六晚放电影前坐在了唐宋的左边。唐宋姗姗来迟，一进教室就看到换好座位的娘娘一脸人畜无害地看着他。已习惯娘娘这种出其不意、攻其不备行为的唐宋依旧面瘫，表示自己的内心毫无波澜，只是有点儿小无奈。

大大的屏幕上放着最近热映的一部电影，娘娘的心思全然不在电影上面，唐宋也兴趣缺缺的样子，半趴在桌子上，一手蜷着垫在脸下，一手自然耷拉着放在桌子下面，离娘娘就是咫尺之遥。

娘娘内心奔腾无以复加，这不就是天赐良机吗！嗷呜，渴望已久的男孩子的手就在她一伸手就能碰到的地方！

该上不上不是真君子。娘娘颤抖地伸出手，握住唐宋的手。唐宋的手轻轻动了下，就恍若无事地和她握着了。

虽然一分钟后唐宋就把手挣开了，但娘娘觉得这个一分钟可以让她甜蜜回忆好久。

四

又是一次全班放电影，放的是《湄公河行动》。照旧坐在唐宋身边的娘娘突然脑子抽筋似的问唐宋："我们以后养一条狗吧。"

唐宋眼皮也不抬一下就回："我养你吗？"

五

身材匀称的娘娘像很多姑娘一样一直嚷嚷着要减肥。唐宋也像很多男生一样，喜欢"嘲讽"身边这种爱减肥却不管嘴的姑娘。

于是，某次QQ聊天中出现了这样的对话：

娘娘：嗷嗷嗷，我想吃零食。但"粑粑""麻麻"弟弟都出门去了，我必须待在家里等他们回来后才能出门觅食。好痛苦，嘤嘤嘤。

唐宋：……谁说的再吃就要成猪的？

娘娘：是……我……吧。可是真的好饿。

唐宋：饿就吃吧，吃成猪吧。那我不养狗了，改养猪。

娘娘：……

六

苦衰高二生盼天盼日，终于盼来了一个短假。

放假期间，饱受相思之苦的娘娘只能靠QQ与唐宋联络，于是唐宋的QQ列表里娘娘的头像常闪动。

某日，娘娘发给唐宋一张截图。里面是一个妹子讲述她与学霸曾经的故事，说她男朋友是理科学霸，从不愿教她题到无奈教她题再到心甘情愿教她题。他们在一起后，她问他，当初怎么就不愿意教我呢？学霸男友一本正经，我哪里晓得坐在我身边的是我未来的女朋友。

娘娘发一个捧心的表情说，好暖。

唐宋秒回，傻。

回学校后，娘娘敏锐地发觉虽然唐宋答应给她讲题时还是一脸不情愿，他的语气却轻轻柔柔，原先常常气急败坏地骂她蠢，现在也少有了。

于是娘娘问唐宋："唐宋，你是不是在反省之后发现不能对未来的女朋友太差？"

唐宋的眼神从娘娘身上一瞥而过："我只是觉得好端端的一个孩

子，趁着不算太傻还算好拯救。"

娘娘："……"

七

娘娘偶尔也像其他小姑娘一样，会在爱与被爱上感到无力。

一个阴雨天里，感到前途灰暗的娘娘想和唐宋挑明了，看看他到底是个什么态度。娘娘写了张纸条传过去，让唐宋下晚自习后留下来，两个人谈谈。唐宋回说，好。

下课后，心情低落的娘娘异常乖顺地跟在唐宋身后走到校园草坪旁的小亭子下。

面对面站在唐宋面前的娘娘低垂着脑袋，一言不发，眼圈慢慢湿红了。

唐宋这时出声了，语调无奈却异常温柔："我知道你在想什么，你要是能和我上一所大学，我们就在一起。不，是牵手。考完马上就牵手。"

娘娘抬头，看到唐宋难得一见的宠溺笑容，坚定地说："我一定会好好学习，追上你的！"

"好，一言为定。"唐宋含着笑意的嗓音在风中轻柔地飘。

是谁说，所爱隔山海，山海不可平。我却要说，所爱隔山海，山海亦可平。

娘娘的纯真爱恋是爱一个人就要让他知道，爱要大声说出口。而唐宋的纯真爱恋是爱她就和她一起慢慢变好。

2017年高考结束的那天正好是娘娘的十八岁生日，希望娘娘和唐宋都能发挥良好，得偿所愿。

该做的事都做好后，就在一起吧。

就这样一起幸福下去，不早不晚刚刚好。

不是每个大雄都能遇见哆啦Ａ梦

当初那个被人群殴也绝不掉泪的孤单小孩儿啊，命运并不眷顾你，没有赋予你一个聪慧的大脑或者优渥的家庭环境，好在你并没有放弃自己，即使一路荆棘遍野，可你依然带着满身的伤痕笑容满面地站在胜利的终点。

当童年的竹蜻蜓消失在天空，我们终于长成曾经默默想象的大人，即使仍旧没有找到万能的哆啦Ａ梦，可是我们这些笨小孩儿已经学会自己拼搏。

不是每个大雄都能遇见哆啦 A 梦

李阿宅

周末去看《哆啦A梦》，结尾的时候闺密抱着我的胳膊哭傻了，放眼望去，身边的男女老少都在抽鼻子。

对于孩子们来说，这只是一部不错的动画电影。对于那些在黑暗中抹泪的大人们而言，我想是勾起了很多的回忆吧，不单单是哆啦A梦漫画、电影、动画片陪伴的日子，还有那些在成长中消失在你身边的人们。

我不看动漫，对于我而言，哆啦A梦的意义和光头强是一样的。闺密一脸鄙视地看着我手里模糊了镜片的3D眼镜，问我那为什么还会哭呢。我说，我的眼泪不是为了童年，不是为了拥有任意门的哆啦A梦，也不是为了结尾那句煽情的"让结伴的朋友得到幸福，就是离开的时候"，而是为了那个迷迷糊糊笨拙的叫做野比大雄的男孩儿。

生活在东京的野比大雄，不聪明，不能干，善良敏感，还总是被班里那个强壮暴力的男孩儿欺负。大雄的成长史，其实是每一个笨小孩儿走过的黑暗过往，我看着大雄被胖虎打倒，又用尽全身力气跟跟跄跄站起来的时候，突然想起来初中班里的一个男孩儿。

我们都喊他悟空，因为他大大的招风耳配上瘦小的身材看起来确实像一只滑稽的猴子。初中时代，两种学生最受欢迎，一种是头脑聪明成绩好，轻而易举就能将数学题解答出来的好学生；另一种就是不学习，但是打架厉害，永远一副桀骜不驯的姿态趴在最后一排睡觉的不良少年。就算不属于这两种群体的任何一种，可是只要你嘴甜腿快也能拥有自己的一个小团体。可是偏偏，悟空全都不具备，还倔强得要死，所以悟空总是一个人上厕所，一个人趴在课桌上做练习题。

学校门口是一条百来米长的小吃街，悟空的父母推着三轮车在里面摆了一个煎饼果子的摊位，磕上一个鸡蛋，一块五一个。十年前的小县城，网吧一个小时才一块五毛钱，男孩儿们为了能在网吧多打一会儿游戏，就把午饭省掉。可是不吃会饿啊，于是他们就把悟空堵在厕所门口，攥起拳头冲着他身上打了两下，先给他点儿颜色看看，接着谈条件，命令悟空以后带四个煎饼果子来教室。

那几个男孩儿比悟空足足高出一头来，悟空一声不吭地红着眼仰着头盯着他们。悟空那么瘦小，拳头又那么结实，每一拳打在身上多疼啊。悟空再笨，肯定也知道为了几个煎饼果子挨打不划算啊。可是，第二天中午，悟空依旧两手空空地回到教室，耷拉着头抱着物理课本背书。

男孩儿们从网吧回来，没有看到午饭，自然是一阵懊恼。大步流星地走到悟空面前，伸出手把他从椅子上拖到教室后面的墙上。悟空真是死脑筋，也不反抗，虽然眼里噙着眼泪，但是仍旧抿着嘴唇，眼睛死死盯着手里的物理课本。

男生儿们一拥而上对他一阵拳打脚踢，悟空仍旧不哭，只是脸上露出疼痛不已的表情。我是班长，手里握着一堆男孩儿们不良事迹的证据，随便举报给老师都是要挨处分的。于是我以此为要挟，喝令他们放过悟空。

悟空在男孩儿们的起哄声中缓缓抬头看了我一眼，然后捡起地上被踩烂了的物理课本回到座位上。

后来我想，我当时的行为并非是为悟空解围，而是少女的责任感爆棚，想像武侠小说中充满正义的绝世高人从天而降斩妖除魔，赢得周围人的喝彩声。如果是一部言情小说的话，那么悟空应该被我感动，从而暗生情愫，独自坐在教室里的某个角落暗暗地注视着我的一举一动。可是生活哪能都按着一个套路发展啊，悟空没有暗恋我，我们之间仍旧和以前一样没有那么多的交集，悟空依旧那么笨，甚至气得数学老师拿起黑板擦冲着他的位置丢过去，说："猪都比你聪明。"

中考前，职高来学校招生。班主任找悟空谈话，从家庭状况到学习成绩，去上职高都是最明智的选择。其实悟空的文科成绩不差，在班里都是数得着的，但数理化真是烂得一塌糊涂。

悟空拒绝接过班主任手里的报名表，没有犹豫一秒，说："我还是想试试。"

中考之后我就再也没有见过悟空，只是听说他高出分数线五分低调考到了实验中学，高考去了南方一所二本大学。

听到这些消息的时候，我挺为悟空高兴的，那个笨小孩儿不停加快着步伐，终于能够赶上同龄大军，像大部分人那样，大学毕业，找一份不错的工作，娶一个合得来的姑娘，如此安稳过一生。

可是他是那个从小就被人骂"笨得要死"的悟空啊，变聪明哪有那么容易啊，大二那年，他又犯了一个愚蠢的错误，肄业去了北京。

悟空学动力工程专业，如果幸运的话，将来是可以进电力系统那种油水颇高的行业的。但是悟空却毅然决然地递交了退学申请，在父母恨铁不成钢的骂声中踏上了北上的火车。

每年有多少人涌入北京我不知道，我也不知道他们背负着的梦想有没有悟空沉重、北京的自考有多难，我只知道为了能够考进中国传媒大学，悟空一本接一本地背着厚厚的自考资料。

一边打工一边复习，在北京寒冷的地下室里熬过了整个冬天，所幸，这个笨拙小孩儿的努力没有被辜负，这次他以优秀的成绩考进了中国传媒大学。

临近春节电视台人手不够，他挤破脑袋在北京电视台抢到了一个临时工的名额，每天恨不得二十四个小时全待在台里，依旧沉默寡言，任劳任怨，组里的前辈假期谁都不愿意值班，只有他傻，抱着一堆泡面

114

全部承担了下来。于是，悟空凭着傻劲儿在台里留了下来。

现在的悟空，早就不是那个瘦骨嶙峋一副营养不良的模样了，人家现在是央视某节目的编导。但我知道，悟空的奋斗史并不像我三言两语描述得这么容易。

前几天悟空来济南出差，我们一起吃饭，絮絮叨叨聊了很多这些年的经历，他说："愿以后所有的辛酸都能当笑谈。"

当初那个被人群殴也绝不掉泪的孤单小孩儿啊，命运并不眷顾你，没有赋予你一个聪慧的大脑或者优渥的家庭环境，好在你并没有放弃自己，即使一路荆棘遍野，可你依然带着满身的伤痕笑容满面地站在胜利的终点。

你看，不是每一个像大雄一样笨拙的小孩儿都能遇见一个拥有神奇能力的哆啦A梦，甚至连遇见一个能够给你支持，站在一边为你摇旗呐喊的普通朋友都是一件需要运气的事情。可是每一个笨拙的小孩儿，都在靠着自己的力量跟跟跄跄地从生活的泥潭中站起来，纵然浑身沾满泥水又怎样，那不过是梦想的另一种色彩罢了。

当童年的竹蜻蜓消失在天空，我们终于长成曾经默默想象的大人，即使仍旧没有找到万能的哆啦A梦，可是我们这些笨小孩儿已经学会自己拼搏。

愿每一个笨拙的小孩儿，都能积攒起生活的五颜六色，蜕变成自己生命里的蝴蝶，忽闪着明媚的翅膀去打开我们未来的任意门。

醉后忆西津，微酒思故人

莫小扬

今天，收到6月初在镇江给自己寄的明信片。看着明信片上手绘的西津渡弄堂，看着那个带着"江苏镇江"四个字的邮戳，我仿佛又回到了那一天，有点儿唏嘘，有点儿难过。

我记得分明，那天天气很好。因为前一天刚下过雨，所以空气里还弥漫着点儿湿气，但不烦闷，风吹过的时候很清爽，让人满足。

在遇到他之后，我有那么一瞬的遗憾，遗憾自己几个月前填志愿的时候，没填江苏大学。

上一次因为另一个人去另一个城市的时候，我很想见到他，带着点儿撕心裂肺，结果那座城市在盛夏送了我一场冰雹，宣告我的狼狈。而这一回，可能是因为我学会了沉默，没告诉他我来的消息，所以他的城市就这样慷慨地赠与了我一个好天气。

我打西津渡的小巷子走过，发现一家叫作"西津时光邮局"的小店。拉着同行的小伙伴和哥哥一起走进去——我一直有在旅行的路上给自己寄明信片的习惯，而这一次的心情又不一样。

以前的旅行，我总不知道要在给自己的明信片上写些什么，说多了嫌自己矫情。可这一次却觉得写再多也不够——只有这张明信片，能让我在未来的漫长岁月里，真切地缅怀这一天，证明我曾经与他如此接近。我在明信片上一字一句写：

亲爱的：

　　你终于来了这里，和小伙伴一起，叫上了哥哥，却没和他说，已经和他断了联系。都会过去的，有的人遇到就可以了。

2016 年 6 月 9 日

在明信片的一角，我还留下一句：与你相遇，好幸运。

在江南扰人的初夏啊，能遇上这样的天，是多么幸运的事情。而在"剑三"那个越来越浮躁的游戏世界里，能遇上你也是多么幸运的事情。

可是我知道，如今的我，已经失去为你泪流满面的权利。

踏过西津渡的青石板路，看行人来去匆匆。而我走过每一个角落的时候都会想他是不是也曾路过这儿，看着人来人往也会忍不住猜那里面有没有他的身影。

这里的古镇和浙江的不太一样，褪去了水墨江南的温婉柔情，带着点儿沉稳的硬气，却又不乏亲近的气息。大概也有点儿像他带给我的感觉，成熟又让人感到温暖，夜深下来会劝我早点儿睡觉，但不是啰唆的催促，也不如他人那样一句关怀后就留我继续熬夜。

"你为什么还不睡觉？""因为你还没睡啊。"在这样的谈话间，我好像也不经意地开始提早睡觉的时间，而那也是我这么多年来第一次觉得，自己可能会把熬夜的毛病改掉。

后来，我又去了金山，晃了一圈，草草走过金山寺，看过路旁风景，却无心流连。最后还是回到西津渡，不为这里有多少好风光，镇江的"三山一渡"旅游攻略里早已提遍，可我再无意去焦山和北固山，只为对"西津渡"这三个字怀有别样心情。

还记得决定要去镇江的那个晚上，我问谁能陪我一起。

佳妞问我："镇江有什么好玩的？"

不是每个大雄都能遇见哆啦 A 梦

"西津渡。"

"还有什么呀？"

"我也不知道了……我去查查。"

那时候，我对镇江唯一的印象，就只停留在这儿。因为游戏里，他的帮会叫这个名字。我还能轻易地回想起，他带着点儿得意地告诉我："这个名字在现实里真的存在，是镇江的一个景点。"我笑个不停，表示不屑，却又不自禁地把他的话记在了心里。

明明都是不经意，却又牢记。

就像我还记得那时候他说："只要你来了镇江我就带你去吃锅盖面。"

而我在这头翻了个白眼，敲字回他："那你来了无锡我还带你去吃小笼包呢！"

如今，我终于尝过了他说过的锅盖面，其实旅游景区里的东西没那么好吃，可那又有什么要紧。只是有一点点的惆怅，惆怅陪着我吃锅盖面的人不是他。而将来若有一天他来无锡，会不会有另外的人，陪他尝一尝小笼包呢。

重回西津渡，偶遇路旁一家小图书馆，点一壶茶，不知不觉又在这儿坐了半个下午。随手拿的一本书却是扬·安德烈写的关于他和杜拉斯的过往，二十七岁的他和七十岁的杜拉斯同居，他们之间的爱情就像一团火，灼烧了彼此，热烈又带着疼痛。我慨叹唏嘘，红茶入口，带着些许苦涩，苦笑之间，知道十九岁的自己，已经不复当年。连向别人承认自己喜欢他，都那样不易。

可我还是忍不住来了镇江，这大概，是我仅剩的勇气了吧。

而这勇气存在的时限，也就一天而已，哪怕我已经努力把这一天延长，订了很晚回家的票，可该来的躲不过，我终究要离开他的城市，就像我终于还是要放弃他。

就要走了啊，而一贯矫情的我真的忍住了没告诉他，我来过。

车站外月色如水，初夏时节，我寻觅不到诗里的那阵绿了江南岸的春风，而明月却真的照我还。

后　记

后来，机缘巧合，他还是知道了我去过镇江。他对我说以后他也去无锡，然后不告诉我他去过。他又问我去西津渡吃了什么，还和我说西津渡的东西不好吃。

这一切听起来都带着些许甜蜜，可现实是，他找我的那天，我刚度过暗无天日的几天。而在那几天之后，我再回想起他，只觉得越来越遥远。那些事情都还记得，也知道那只是这几个月里发生的事，可不知道为什么就觉得，仿佛已经过了很久很久。他的声音，他游戏里的样子，他说过的话，他给我看过的照片，还有我们之间的种种，仿佛一下子，到了彼岸。所以，我又一次把他推出了我的世界，内心挣扎，表面决绝。

《庄子·大宗师》里有言：相濡以沫，不如相忘于江湖。

真的，就像我在寄给自己的明信片里写的那样：有的人啊，遇到就可以了。

119

不是每个大雄都能遇见哆啦A梦

我有两个朋友

邱子涵

所有故事的开头都是：我有一个朋友。

今天我的故事开头是：我有两个朋友。

C 小姐

她是我的小学同学。在二年级的一次分班之后成了同学。

C小姐成绩一般般，是一个好像话多得永远说不完又天真善良的人。

C小姐很擅长跳舞。她说，她学过画画，学过古筝，学过书法，可只有跳舞她坚持下来了。

和C小姐建立友谊，成为最好的朋友，是在五六年级。那时候我们形影不离。一想起她，我脑海中就是她扎着一个马尾一跳一跳的样子，在和我们议论今天老师又给我们留了那么多的作业。

所有的故事都会有一个转折点，这个故事的转折点发生在小升初。入学分班，我和她分在了两个不同的班级，这两个班的距离是三楼到一楼的高度，是楼层与楼层之间最长的对角线的距离。就像很多段友谊那样，距离远了，可能也就慢慢淡了。我开始陆陆续续听到她的一些消息。

她的同班同学说她抱怨有听不懂的英语语法、不会背的英语单词，说她的成绩越来越一般，说她上课一直被老师点名，说她已经不是一个老师眼中的好学生……

我知道那个曾经的C小姐再也回不来了。前阵子，看到她剪掉了长发，想起了之前她对我说要永远留着长发；又看到她把校服进行修改，再或是，她彻彻底底地变化。每当我看到我们曾经看不惯的张扬跋扈的一群女生也和她比肩站在一起，我也只是自嘲地笑笑，悄悄地从楼梯一旁走过。

此时我已经习惯很少下楼，习惯了形单影只。

现在再遇见她，也仅仅是打个招呼，然后背道而驰。

L 小姐

L小姐是我的小学同学，在二年级的一次分班后，我们成了同班同学。与C小姐不同的是，在此之前已经与她认识了四年之久。

L小姐瘦瘦小小的，人很随和，安安静静如同大家闺秀。

她的钢琴弹得很好，作文写得很好。

我和L小姐属于"不打不相识"。之前做惯了竞争对手，再成为朋友，再成为特别要好的朋友。

这个故事的转折点也发生在小升初。入学分班，我和她分在了两个不同的班级，这两个班的距离是三楼到一楼的高度，是楼层与楼层之间最长的对角线的距离。就像很多段友谊那样，距离远了，可能也就慢慢淡了。我开始陆陆续续听到她的一些消息。

她的学习不再像小学时那样优秀，不同于小学的人群中的佼佼者，不同于之前的分秒必争，倒是沿着泯然众人矣的趋势走下去。

她或是变了，或是没变。变的是成绩、是学习水平，没变的是安安静静而又随和的性格。

我有的时候还是会遇到她，但是每一次遇见我们都能够聊上很久。更多的是学习的压力把我们压得喘不过气来。但是我们又颇有默契地对C小姐只字不提。

L 小姐和 C 小姐

还是在小升初后。

最开始我听到的是她们两个还是如同小学一样依旧是很要好的朋友。

之后我开始从他人口中知道她们吵了一架。

后来她们和好了，又做回好朋友。

再后来，破镜难重圆，她们开始渐渐疏远了。

再后来，听说她们已经有了自己新的要好的朋友。

再后来，她们似乎成了一个班内两条不相交的直线。

如今我们成为了三个独立的动点，跟着时间移动，曾经合成了一个圆，又分开。等下次它们运动之后得到三点共线，我再给你讲讲她们的故事，故事的开头是：我有两个朋友。

大抵胖子天生孤独

唯 可

上次看见胖子，是在车水马龙的街头，我透过餐馆的玻璃橱窗看到了正与一碗面"厮杀"的她：一身宽大的运动服，明黄色的，很扎眼。依旧是千年不改的双下巴和圆鼓鼓的脸蛋，但是没了笑容，只有显而易见的落寞与孤独。

胖子，对不起。我隔着街，只能在心里默念。

胖子，本名许静。只因为胖到不忍直视，而被我戏名曰胖子。每次我这么叫她的时候，她都会有一种化食量为脂肪将小身板的我碾压在地的冲动。不过，可惜，我还是没改掉。

还是叫她胖子好了。

其实胖子很在乎自己的体重。也是，哪个青春期的花季少女会真的一点儿也不在乎别人对自己的评价呢？就算是我每天自诩看破红尘，却也会在别人夸赞我眼睛美丽而有灵气的时候报之以笑，更别说胖子了。可是胖子从来都不说，就算诸艳比美时，大家都把她当陪衬，她也只是乐呵呵地一笑而过。但是谁又敢说那笑容里没有几分自嘲和无奈？

胖子曾对我说过，她的姑父带回来一种特效减肥药，一个月可以瘦下来二十斤。我当时听完第一反应就是不可能：要真有那种仙丹妙药，也不会胖子满街跑了。但是看着胖子希冀而激动的神情，我把话咽下了。

你永远也无法懂得一个胖子的悲哀。这是我对自己说的。

就像永远没人懂得我的悲哀一样。

我不是个胖子，最多只能说我不瘦。但是我的人际关系却一团糟。你看见过野猫玩过的毛线球吗？球有多么乱，我的生活就有多么乱。

胖子曾艳羡地对我说，如果她能像我一样学习出色，深得老师宠爱就好了。可是如果可以，我愿意拿一半的智商换一丢丢可怜的情商。每次和父母吵架，他们都会说："你情商低，难怪你和同学相处不好。"

嗯，我情商低，我承认。

嗯，我曾被排挤，我承认。

但我会努力改。

再说我是如何认识胖子的吧。

胖子其实一直和我同班，只不过我一直没好好了解过班内的人，所以一开始只知道她叫许静，性别女，很胖，再无其他。

但是当我陷入谷底的时候，她却如同一个手持宝剑的骑士向我踏马而来。虽然我不是公主。

我一直不懂友情，所以一开始我只是想找一位知心朋友陪我共度青春年华，而不是一帮人策马奔腾活得潇潇洒洒。

可惜，我失败了。我选中的密友A更喜欢潇潇洒洒，所以我很痛苦，我很纠结。

然后就是胖子，在我落寞的时候，向我伸出了手。我永远也忘不掉胖子别扭地提了下裤子然后露出八颗牙齿的表情，那一刻我觉得胖子的背景光环很亮，很闪，很"高大上"。

胖子话不多，虽然看起来很疯很能闹，但是走在一起时，如果我不主动挑起话题，她不会说话。这倒是成全了我，一个天马行空的臆想家，我可以尽情地勾勒着我的世界的底色，而没有一丝打扰。

胖子很偏执，对我很好。我一直觉得我们是一个世界的人，都是那种特别认死理，一旦陷进去，九头牛都拉不动还会一起陷进去的那种。我们都需要一个朋友，一种孤独和一杯酒。

我一直想要密友A，可只有她一直愿意陪着我。

我很理解胖子，因为我们"同病相怜"，都是深陷自卑的冒险者，但我仍有点儿嫌弃胖子，这不矛盾。

是的，嫌弃。不光因为她笨拙的姿态使我们频频受到注目礼，也因为我觉得我想要走出生活的泥潭而她帮不了我，我只能在泥潭中不断挣扎而越陷越深。

好吧，其实我也挺鄙视我自己的想法的。

胖子喜欢过一个男生，身材很壮硕，和胖子有那么一较高低的味道。我看见过她写满心事的日记本和校牌后面的字——满满的都是那个男生的名字。但是最后她的真心随着校牌的曝光而压得粉碎。那个男生对她说："谢谢，但是对不起。"

我看着她哭，趴在床上，眼里写满了泪。我没有怜惜，我只感到冷，很冷。就像一阵大风刮过，带来了无尽的悲伤。

我陪着她，她一直默默地哭，我没说一句多余的安慰。

后来，我和胖子就渐行渐远了。我有了说说笑笑的挚友，她转头一个人生活。

我觉得很对不起她，毕竟我们曾风雨同舟。但是她拒绝了我的要求，选择了一个人"流浪"。

其实，也没办法。大抵胖子天生孤独，也许一阵暖风吹过，她会迎来春天灿烂如锦。

我是这个世界的旁观者

煊泷

一

有时候趴在窗边看楼下的孩子，会意识到自己已经是一个十六岁的高中生，随后就是一连串的猜测。这些六七岁的小朋友在玩什么游戏，喜欢看什么动画片，是不是很多小男孩儿喜欢着中间那个看起来机灵乖巧的小女孩儿……

还记得我儿时最好的朋友是一个男生，他比我小半个月，从小就喊我"姐姐"，他教我骑自行车，出去玩时也带上我。他喜欢打篮球，三年级开始就每天把书包扔给我，自顾自地抱着球在篮筐下摆各种pose，我坐在场边看小说，时不时帮他捡滚到场外的篮球，就这样消磨掉下午放学后的两个小时。后来的日子里，他搬家、转校，我失去了他的消息。直到我们上了初中，在某个考场里勉强认出对方，才又有了一点儿联系。越长大，越觉出两个人之间日渐生疏。

我仍然记得他一年级时戴的眼镜边框是海蓝色的，我仍然记得他喜欢穿的鞋子是什么款式的。我在看到相对矮小的他打球时被高大的同学撞倒在地时心里会颤抖，但我们之间的联系，只剩下一张相片、一个微信聊天窗口。我们所说的话，也只有对方生日时用儿时昵称开头的简

126

短称呼。

现在想想，世界真的太奇妙，就像那场男女混打的班级间的篮球赛，我在篮筐下不顾形象地拼抢的时候，他在场边为他的队友加油；而他在场上向裁判申述犯规的时候，我在心里为自己的队友捏了一把汗。故事讽刺地重叠在一起，我却没有勇气，也觉得没有必要再次开始，像一个参与其中的旁观者。

二

初识大角虫是在初二那年。机缘巧合，无意间站在她身后帮了她一次，等回过神，意识到我找到一个可爱的朋友时，我的桌面上已经多了一张从笔记本上撕下来的纸。正中间画了一个精致的漫画少女，旁边用清秀的小字写了一串感谢的话，还说想跟我成为朋友。与大角虫熟悉起来之后，我才了解，这个爱看动漫、能画出极美的漫画的女孩儿，患有先天神经性听力下降，终将去到一个无声的世界。或许是因为这个，大角虫的眼睛里总是有一层浑沌的阴霾。

现在我失去了与大角虫的联系。我试过往她的邮箱和QQ发送消息，未曾有过回音。我只能间或从友人那里听到一些关于她的事——大角虫进了某所高中，她决定成为艺术生了，她最近又看了什么动漫画了哪些同人……诸如此类鸡毛蒜皮的小事，都能让我在电脑前呆上很久。

大概，我终将错过这个故事，故事的主角对我的影响却是那样明显。我看日本动漫，是从大角虫推荐给我的《黑岩射手》开始的；我养成了无聊时在草稿纸上涂鸦的习惯，是因为曾经很想画出一个好看的同人给大角虫；我写信的开头一直是"TO"，是那时和大角虫写信留下的习惯……

这一路已错过太多，深夜时分总是在捡拾记忆的零碎。陈旧的时光里，我们都是读梦人，小心翼翼地辨识指间溜过去的记忆的真伪，渐渐地变成站在旋涡之外的那一人。

三

　　我旁观这个世界，却一不小心把自己修炼成了参与者。我小宇宙的中心，也只有我自己，呼风唤雨或朝思暮想，未曾真正清醒过。

　　谁说4月是谎言？若有一句话可以把自己都骗了，那便成不了谎言；而假若有一个梦境里荒诞成为了现实，即使是春光明媚的四月天也会有他的音容笑貌在谎言里缠绕。

爱你，就是不问值不值得

养 分

1

8月末，我坐上开往学校所在城市的列车。妈妈不放心我一个人去，想让爸爸送我。

我拒绝了，心里窃喜，终于可以逃脱你们设的"牢笼"，过上幸福的大学生活。

我只会幻想未来美好的一面，从不去想未知的困难和艰辛。

刚到大学，人山人海，满是来送孩子上学的爸爸妈妈、爷爷奶奶，师兄师姐热情地迎接他们，接过行李后带着他们去新宿舍，一边走一边和他们谈天说地，不亦乐乎。我和一起来这里上学的阿彪，默默地走在他们后面，不动声色地搬行李，汗流浃背。上到楼梯的转角，彼此心照不宣地放下行李擦擦汗，尴尬地相视而笑，然后说句，好累啊。

没有人帮我们，但我们还是要往上爬。

接下来的几天，饱受军训时毒辣太阳的烘焙和宿舍低温空调的冰镇，我成功地感冒了。最可怕的是，我还认床睡不着，站军姿时想打喷嚏又不能动，痛苦不堪。

和爸妈打电话视频时，他们说我又瘦了，我却一直嚷嚷着减肥。

妈妈很生气地责怪我不好好吃饭，爸爸就在一旁打圆场说吃饱才有力气减肥。

挂掉视频后，妈妈发来一连串饮食和生病吃什么药的提醒。

帮祖国妈妈庆祝生日时，我没有回家，一个人晃晃荡荡地过了虎门大桥来到深圳。出租车司机说，你一个女孩子就这么大胆地去陌生的地方，不怕家里人担心？想想也是，想着下车打个电话回家。但找到朋友后，被美食诱惑，在台湾小吃街流连忘返，完全忘记打电话这件事。

突然，电话显示老妈来电。我放下鸡翅包饭，跑到不太嘈杂的地方接听。她轻声细语地问我放假了回不回家，钱花完了没有，要不要再打钱。

我瞬间泪目，一激动就跟她说我来了深圳。电话那头的她沉默了六秒，那六秒钟的时间里我听不见周遭嘈杂的声音，只听到自己快蹦出来的心跳声，我是在害怕她又会责怪我满世界乱跑。电话那头她温柔的声音又响起："那你要注意安全，上大学了该学会好好照顾自己……"

电话挂了以后，信息提示音又传来：转账成功。

2

我是一名复读生，当同班同学都高高兴兴地为上大学作准备时，我已经在复读班里安静地上了一个月的课。这期间别人在游山玩水，我在背各种地理知识，没有电话，没有微信，只有雪白的试卷和堆得像小山一样高的资料书。

我未曾抱怨半句，有人要走，有人想留，一切都很合理。

但我还是会想念，想念那个瞄准我回家就给我打电话，拿到我地址就给我寄明信片和书的人——邓子。

第二次高考结束那天，过道满是呐喊和撕书的人。好天气说变就变，有人赶着回家忘记带伞，有人在大雨中欢呼、跳舞、打水仗，而我终于呼出那口忍了二百八十九天的气，感觉又活了过来。

而邓子，一早就打着伞在考场外等我。她明明那么娇小，我还是一眼就认出了她。那一刻，我张大嘴巴不敢相信眼前的这一幕，揉了揉眼睛，甚至怀疑我写英语作文写傻了。但她向我走来，然后习惯性地挽着我的手，在我耳边柔柔地说："好想你。"

刚开始大学生活，我不习惯和同学相处，每到周末，就坐大巴再转地铁到她的学校。虽然每次坐车都很累，但这竟然成为我最期待的事。

好像她的储物柜里总有吃不完的零食，每次我去都有我最爱的芝士饼干；好像她的书桌里总有看不完的书，每次我都能从那里带走一两本回学校。她的同学都认识我，我的同学也认识了她。好像我们还在中学时代一样，彼此间相互串宿舍，再一起睡觉。

有一天。当我窝在她的宿舍重温十年前的《头文字D》时，她有点儿帅气地把两张五月天深圳演唱会的门票甩在桌子上，酷酷地说："妞儿，姐姐带你去听你'老公'唱歌。"

我一下子就呆住了，下一秒就紧紧地抱住她，激动地亲她好几下。她的舍友纷纷表示"无眼睇啊"，她看着满足的我，也笑了。

我喜欢五月天七年，我和她一见如故亦有七年，一切如初。

3

收到惟念的快递前，我正和一篇稿子无声较量。抱着快递的我走出学校大门，趿拉着人字拖就上了公交车。

我一边看外面的风景一边拆快递。零零星星的小物件有很多，最意外的是她又寄了诗歌集给我，距离她上次寄信给我已经有一年时间了，那时她在信里鼓励我坚持写下去。写字是她最幸福的事，于我而言也一样。

我做事三分钟热度，但唯独写字，不愿也不能放弃。

我一遍遍无序循环地听手机里的歌，看五月天演唱会那晚《突然好想你》的大合唱，翻看以前自己写的日记。那些人啊，那些爱好啊，过去藏在校服和旧时光里的，通通都被扯了出来。

就像邓子和我说"曾经打动我的，如今继续温暖我"一样，都是真的。

我永远是妈妈眼里那个叛逆不听话的女孩儿，没有长成她希望的样子。

我想要永远做那个一边被邓子骂一边吃她零食的少女，然后贱兮兮地要求她无条件地对我好。

我永远想要崇拜一个偶像，他远在天边却能在我没有动力的时候给我一个醒悟的瞬间。

我永远需要用文字拙劣地表达并不善于表达的自己。

是的，我永远不想失去爱的能力。

而此刻身旁那个给我念张爱玲说的"你问我爱你值不值得，其实你应该知道，爱你就是不问值不值得"的女孩儿，已经靠着我的肩膀，睡着了。

我的青春不是一首诗

养分

1

班主任又在微信群里发办公室里老师批改作业的图片了，看到这样的消息，仿佛我昨天还在教室里埋头刷题不知天昏地暗，但抬头看看日历才发现，人生中最长的一个暑假也要过完了。去年的这个月，我选择了重来一次，曾经说不会也不想踏进复读班的那种信誓旦旦在现实面前，不堪一击。决定复读那晚，我和爸爸打了一通最长的电话，他无非是说重来一年并不可怕的话。而那时内心敏感脆弱的我，已哭得一塌糊涂。妈妈在旁边一边说老天好不公平，总是让我运气差一点儿，又一边安慰我，可能下一次，老天就喜欢你了。

于是我就一个人，在陌生的环境里又开始了每天三点一线的生活。在这十个月里，我没有体验过双休日，没有试过一天睡超过七小时的觉，就连吃饭，也没有试过超过十分钟。我不想刻意去描绘"高四"的艰苦，也不想让那些选择"高四"的人害怕，但很多事情，不是经历就能学会，学会仍需同生活的繁华与慷慨相爱，即使高考以荒芜和刻薄相待。

我试过一个人在鸦雀无声的教室里默默抹眼泪，那是在考完试后为一道不该错的数学题；我试过一个人在教室外的走廊吹风透气，那是在和爸爸通完电话后不用上课的晚上；我试过在教室最中央坐出角落的滋味，那是在我肩酸背痛仍然坚持挺直身子看书的晚自习；我当然也试过和同学相拥而泣，为我们"高四"时建立起的深厚友谊，那比在任何时刻结交的新朋友都珍贵。

我不知道"高四"对我意味着什么，很多人在高考完后问我：不觉得白费青春与光阴吗？"高四"的意义，或许只是成绩单上那个有点儿好看的分数。但我比任何人都能看清那个过程，其实那些努力，都没有白费。还有有幸认识那么多与我背水而战的同学，是他们，让我甘愿在熹微的晨光中回到教室，再披着一路星光回到寝室，让我知道我不是一个人在战斗。

我的青春单薄得像青草味，像一张未成一行诗的白纸，但我喜欢这样的青春，如同喜欢凌晨五点的月光。

2

填完志愿后的7月，我一人踏上远方的列车，开始我的毕业旅行。

在广州这样的城市，我见过太多面无表情的人。在地铁站里，上班族们一边跟上司打电话一边拿着手提包提防被盗，刚下课的学生讨论今天的作业好多和暑假计划，在地铁到站机械女声响起时，我才发现渺小的我的存在。

我不知道，几年后的我是否也如那些上班族一样变成草莓族、榴梿族，每天只有工作和理性。我好像总是在惆怅我会变成他们的样子，但是来接我的小凳子听到我说出这份担忧后，捏捏我的脸，叫我别想太多。

每经过一座城市，总能找到一间落脚的小屋，里面装满了情义。

我和小凳子认识有六年吧，记得两年前的7月，我用《中学生博览》发来的第一份稿费和她分享，去看我们都喜欢的《后会无期》。而这个夏天，她带着我去看《致青春原来你还在这里》，我们吐槽电影没有原著好看，演员演技好差劲，但又都好花痴地说，吴亦凡真的好帅啊！

那个晚上，我们逛完一圈中山大学和"小蛮腰"后，曾经以中山大学为目标的我几许唏嘘造化弄人感叹青春流逝，她却好像长大了似的，平静地和我说，一切都是最好的安排，没有什么值得遗憾。

那个晚上，我们回到住处后，一起看着"小蛮腰"互诉衷肠，月光倾泻进来，四周一片寂静，她和我轻轻地说，女孩子的青春可贵，上大学一定要谈恋爱，莫负好春光啊。

是啊，我已经是最后一次十几岁了。没有谈过一次恋爱，却像恋爱专家一样给不少少女想过办法，听她们倾诉恋爱里的细枝末节，再安慰失恋的小姐说下次一定能找到更好的。

我不知道，我是否能在她们的青春里找到自己，是否也会在每个孤独的夜晚发了疯似的想念一个人。虽然我的青春，没有像电影里男女主角一样爱得轰轰烈烈，不是咏叹调十四行诗一般美好的存在，我的青春平凡而不起眼，但这才是我真正的青春。

135

3

我也在这个暑假，参加了一场葬礼。看着舅妈被推进火化场那一刻，我没有丝毫害怕，只是想不到，结束得会这么快。

"高四"时，有一段时间我活得很压抑，每天想着的都是生离死别，虽然说看到亦舒写这么坦然的文字，"如果死是每个人最后的归宿，作为一个愿意为自己的人生负责的人，就必须勇敢面对曲终人散的事实，而且趁着天色未晚，做好这道课题，才能优雅地老去，尊贵地离席"，但我还是会想不开，会想多。曾经也幻想过，亲人离世时我会怎样面对，想过一千一万种方式，但当真正面对时，即使有再多悲伤再多暗涌，最终表现出来的，只有平静，只能是平静。

在这次的离别后，生活又回归平静，我也终于在无人的夜里明白，就算有太多的不舍，也要忍心割舍。

有首歌这样唱：蹚过这片枯寂就蹚过生长，忍住顷刻回望就忍住惊惶。大抵成长皆如此吧，大把事情想不明白，还不是一头雾水地往前走，有时雾里看花，偶尔又参透世界。

我不知道如何定义青春，或许是活在心中的顽固，或许是被生活磨平了的棱角，或许是离家千里的自由，或许是少年的气盛，又或许是诗人眼里的远方。我的青春没有如诗一般，温柔又热烈，有时我也会有点儿小后悔，但我更喜欢我的青春，它让我更加懂得珍惜。

如果有人问我，你想象中的青春是怎样的？我会整理整理衣领，然后笑着说，如诗一般。

正如王小波所说，好诗都有水晶一般的光辉，它好像来自星星。

我也希望我的青春像诗一般，如果我自己是这么美好，那么一切恐惧都可以烟消云散。

但我的青春不是一首诗，即便如此，我仍要像诗一样歌颂它，赞美它，因为是它让我，独一无二。

我的不同，你永远不懂

毓橼

我姐比我大六岁。小时候，妈妈为大家庭买来一式的家居拖鞋，只有姐姐会拒绝穿那双款式流行全国的拖鞋，然后自己拿钱骄傲地再买一双漂亮的。

那时我总是怯怯的，以为我姐是很特别的人。她长得高，漂亮，有一群一样漂亮的好朋友，有不少男生追求。她要风得风，要雨得雨。房间里贴满了我梦寐以求的漫画海报，放满了一摞摞流行的爱情小说。每次她去上课时，我就提心吊胆地溜进她的房间，蹲在书柜下，入迷地看她的爱情小说。

她跟父母闹脾气时，脸色马上沉下来。但我什么也不敢，委屈憋在心里养大，憋到眼泪流出来还乖乖地咽饭。我不敢做，不敢要，买什么东西也是最便宜的。

我坐在奶奶家长满青苔的四合院石梯上，舔着棒棒糖。旁边的树木掉下不少可以生火的叶子。烟囱里正好冒出烟来，并不优美，很呛人。我很想跟奶奶提议在炉膛里烤个地瓜来吃，但我没有。不少沉默的想法都被压抑着，像潮水一般涌动几遍后就退去了，留在时间的长河里。

我要怎样才能成为不一样的人呢？为什么别人看起来那么特别？

就读高中时，每个同学都日夜跋涉在书途上。我在实验班里，当时大家的高考誓师口号是"抢占985，攻陷211"。班上有很多文笔好、成绩好的人，优秀到你一望，就知道自己跟他们有五年、十年的差距。

优秀者的不同，就像一件时刻披着的华丽斗篷，而我的每一点不同，就像是一点一点蹲在路边向上天乞讨来的。

临近高考时，我颇有兴致地记载着我们班同学的一些小事情。我给自己定的目标也不高。说来也好笑，为了激励自己，贴在日记本里的是一张白色的小洋房照片，房前种了一棵长满白花的树。我的理想世俗又简单——"考上好学校就有好工作，有了好工作就能置办一套这样的房子，让自己跟家人过上好生活"。当同学们在书桌上刻下"为天地立心，为万民立命，为往圣继绝学，为万世开太平"时，我的梦里依旧还是旋转发光的挂在洋房里的巨大水晶灯。

我似乎都快忘了一件很重要很重要的藏在心底的事。

是的，我痴迷读，也喜欢写。父亲收购一堆堆旧报纸，铺竹篮里用来保护蔬菜。周末时我会坐在报纸堆里，翻看那些过往的奇闻轶事。混混沌沌，囫囵吞枣，直到夕阳照遍了我全身。

小学时老师觉得我写的文章特别好："很多高中生写得都没你好。"她要我一天写一篇文章。国庆七天假期内，我因为偷懒，假后只交给她五篇。她用那双褐色的眼眸看着我，亲切地跟我说："怎么这么少？"

"怎么这么少？"这句话至今还会偶尔在深夜跳出来，拷问、煎熬我的心。

当时我在床头还放了一个本子和一支笔，逮住什么灵感就在黑暗中凭感觉写下关键词。之后竟拼凑起一篇短篇小说。

老师问我："你看过《战争与和平》吗？"我摇摇头。老师边在我那潦草的本子上写，边很慎重温柔地说："我觉得你这篇小说的题目可以叫作'战争与幸福'。"

现在回想当年十岁的自己，真的真的十分羞愧。老师那么认真地为一个小孩子写下了"战争与幸福"五个字。而我所有的灵性与锐气，所有不懈的热爱，在面对世间接踵而来的战争时，丢失了自己最初想探寻的幸福。

胆怯让我虽心有一丝鸿鹄之想，却缩在角落当一个普通人。我怕"幻想的太满，得到的太寥寥"，志气被磨尽的那一刻太不甘心，结局犹如《伤仲永》般悲痛无奈。

索性放弃"它"。我逐渐忘记了"它"，那个让我在小学时充满了自豪感的、曾时时刻刻专注着的兴趣。高中时，大概是课业压力，大概是不被看好的自卑，我只默默读书，纵有惊涛骇浪的感触也留在心底。

但背书之余，我观察到的同学们的一些充满温情的或让我感伤的"小行为"，被我记录在花花绿绿的便利贴纸条上，标了日期与时间，夹在日记册里。

"2014年4月20日，小静又在课上打瞌睡。老师问她怎么又那么困，她的同桌欣抢先回答，她为情所困。全班哄笑一片。"

"2014年5月13日，小嘿与姗姗考砸了，在草地上扔硬币玩。她们说扔出去还能再找回来，就能得到好运气。"

……

哗啦啦的试卷翻过去，高考结束后，我忍不住写了一篇文章，把便利贴里记录的事写进去。同学们激动得不得了。他们说那是一种不经意的瞬间，匆匆却很珍贵。

我恍然，文字有这么大的力量，即便不钻研什么修辞手法，也能让人牢记。

前不久采访一位传播学院播音系的学长，他刚得了一个打破纪录的大奖。当聊到他玩直播，但讲的是他爱的历史故事时，他说："我不在意别人对我的看法。你是一颗尘埃，我也是一颗尘埃，我为什么要在意到其他的尘埃在想什么。"他说："因为播音是我喜欢的事，所以我每时每刻都在'悟'它。现在是十四时二十三分，待会是十四时二十四分，我要争取我人生的每一分钟都有收获，跟之前的那一分钟不一样。"

他讲完后，我们都安静了下来。他拿起水杯喝水，有一些尘埃在阳光里飘。高中学习的庄子《逍遥游》的"野马也，尘埃也，生物之以息相吹也"闪过我的脑海。我想到上次回家时，姐姐穿着跟大家一模一样的拖鞋，想到了自己幼时心心念念的是一个干树叶烘烤出的地瓜。

如果当初做点儿什么，那结果会不会不一样？鼓起勇气向爸妈多拿些钱买玩具、小说，把心里的矛盾吵出来，我的童年会不会多一些愉快的记忆？炉膛里若真烤了地瓜，我一半，奶奶一半，会不会吃得格外香甜？如果当初不受挫地写下去，我会不会变得更接近自己想成为的那个人一点儿？

世界并不随你的感知而转，鲜活挣扎着找不同似乎没有太多必要。颓废、上进，充满欲望及起伏失落，诸多种种，综合成你这个人的别样所在。

不选择那样，便是选择了另外一样，不只青春，一生都特别短特别珍贵，特别值得后悔。

每次看看过去，再看看未来的时候，别忘记用冷静苛刻的目光审视下现在。我现在，不够好，不值得被人记住，可也不太烂，不算虚度挥掷了所有光阴。未来，会争取跑得更快些，也期待着寻觅每一分钟都想要为之进步的热爱。或许，那样会不同些。

我不再追逐别人的光芒

　　曾经以为对木头足够好就能换来等值的爱情，但事实并非如此。他让我明白，爱自己是多重要的一件事。自身拥有光芒，才能吸引美好的人靠近。人生苦短，要做自己的主角。我不再追逐别人，我会努力，让自己成为太阳。

我不再追逐别人的光芒

八　蟹

1

初中时喜欢一个男生。他看起来很木，所以我自作主张给他起了一个外号：木头。

我喜欢木头单纯是因为他的外貌。他皮肤白净，眼睛很漂亮。瘦高，爱穿衬衫，棱角分明。简直就跟小说里的一模一样。

肤浅的我就这样被长相帅气的木头吸引了。

后来渐渐了解他。他虽然长得好看，但是成绩不好，喜欢玩闹。

下课时会看见他们一拨人排排站在走廊上聊天打闹。而我就坐在教室里探出头看其中的木头，他被融进风景里。或者说，对我而言，他就是风景。

初中的我非常不起眼，个矮，肤黑，不懂得打扮，穿着土得掉渣的衣服。但是我还是让木头认识了我。因为我喜欢他的事众人皆知。

我没有隐藏我的喜欢，甚至写过情书给他。风风火火，毫不畏惧。

时间久了，大概他觉得我喜欢他是理所当然的吧。于是有一次我们共同的朋友奇柚来找我，递给我一本笔记本。她说是木头给我的，让我帮他做摘抄笔记。她让我把握住机会，意思是这样做会提升他对我的好感。

我刚接过笔记本的时候是满心欢喜的，但当我认认真真地替他做摘抄时，我皱眉了。

凭什么呀。凭什么要帮他。我有些恼火，可是很快就平息下来了。

凭我喜欢他呗。谁让我喜欢他，当我明示我喜欢他，我就已经变得卑微了。

2

木头的生日是12月10日，我买了一条黑白格子的围巾准备送给他。

木头有参加数学补习，在周六下午。那年的12月10号正好是周六。我就和我的两个闺密在下午补习快结束时去补习地点那条小巷子的巷口等着。

紧张、期待，又害怕。终于放学了，他出来了。我却一下子没了胆，躲在旁边的巷子里任凭闺密怎么拉我，我死也不出来。听见电动车启动的声音，然后他们一群人的笑声也渐行渐远了。

我提着袋子回到家，趴在床上，差点儿哭出来。

真是没种啊。

又不甘心。得知木头晚上要和他那群朋友去网吧上网，来了希望。问他地点，晚上去那个网吧找他。

到了那个网吧门口，发消息给木头叫他下来，有东西要给他。

他下来之后我就把礼品袋递给了他。他有些不好意思，用手挠了挠后脑勺。那是他常做的举动。我大概是太紧张，只说了一句"生日快乐"就马上跑掉了。

但那之后我们也并没有什么交集。慢慢地，我不再那么疯狂，开始静静地生活。有时还是会在QQ上找他聊天，无聊的时候就写信给他，但只是自己留着。

　　他喜欢打球。初三的时候每个下午放学后他都会去操场打球，而我呢，也会去操场，但不刻意去看他打球。只是享受着两个人在同一块地上的感觉。抬头望见的是同一片黄昏。

　　天快要黑的时候，他们也快走了。我就先走。一个人慢慢地走到学校的十字路口那里停下，十字路口处开了一家奶茶店。那段时间，每天晚上回家我都会进去买一杯奶茶，然后捧着奶茶，走进暮色之中。

　　有时在等奶茶的时候看店外的马路会见木头开着电动车经过。有时是走在马路上时看见他开着电动车经过。速度总是很快。只有唯一一次，别人开车，他坐着车，而我走着，车子经过我的时候，他突然猛地回头看我，也或许只是看着我这个方向的某个事物。

　　那段时光，寂静沉默，就像独自回家的路途。

3

　　初三下学期两个班级混合起来按成绩来分AB班。在A班吊车尾的我向老师提出要转到B班去。到底有没有木头的原因，至少我必须承认，不可能和他一点儿关系都没有。

　　但我们还是没有什么交集。我坐第一排，他坐最后一排。好的是，他在我隔壁组，我一回头就可以看见他。

　　他基本很少到前面来，就一次主动和我说话。问我我的同桌去哪儿了。

　　那时我的喜欢好像开始变得深了一点儿，或者说，我希望他能清楚地明白我对他的喜欢。有一次就说起我给他写信的事，问他要不要看。他说可以啊。于是第二天我就把信装进了书包里。

　　我到底没有把信给他。在我准备那么做的时候，我看见他和另外一些男孩子在捉弄我们班最漂亮的女生玩。

我回到座位。下课的时间，周围的人都不在。我拿出信，将它撕成了碎片。

整个初中我都没有好好学习，直到快要中考，我才醒悟过来，每天不停地做卷子，改错题，密密麻麻的红笔字，现在历历在目。

初中毕业后得知他和我的同桌在一起了。是秘密，很少人知道。我在QQ上开玩笑地说要说出去。他当真，说了很重的话。他说：认识你是我这辈子最大的耻辱。

每一个字，我都记得太深刻。

后来他和我道歉，说不是故意要说那样的话。我其实都明白，知道那是气话，却还是不可抑制地难过。

时间就这样走完了整个初中。我的喜欢也随着初中时代的结束而告终。

4

曾经以为对木头足够好就能换来等值的爱情，但事实并非如此。爱自己是所有感情付出的前提。自身拥有光芒，才能吸引美好的人靠近。

他让我明白，爱自己是多重要的一件事。

人生苦短，要做自己的主角。我不再追逐别人，我会努力，让自己成为太阳。

当夏天的风吹来时

方 悬

1

从我们都喜欢王菲的歌开始讲起吧，不然之后也不会跟你聊天，一起散步，跑过夏天广场上的每一道喷泉。

你要知道，我不喜欢讲话，但在你面前，我的话还是像破袋子里的豆子一样，不受控制地淌出来。这样说，你知道我有多喜欢跟你说话了吧。

反正，只要你在的话，我的笑点总是会变得很低，而且会很开心。

2

在老师把你安排到我身边时，我就应该先跟你说的，如果成为我的同桌，一定要做好心理准备，我不是好学生，你一定会被我带坏的。

所以，不能学我逃课，平时不要和我说话，我睡着时即使老师来了也不要叫醒我，就算我打起愉快的呼噜，这也不能成为你吵醒我的理由，我会生气的！

偏偏你都不信，非要"以身试法"。书本练习册泡在水桶里的滋味很好受吗？我真是很讨厌你。

哎，不是在说我喜欢你的事情吗？我忘了，这些都发生在你递给我耳机之前。

下午不管是谁来上课都是那么令人昏昏欲睡，就算后面坐满了听课的领导，我还是支撑不住自己越来越重的单眼皮。嘿，我的眼皮上泛着浅红色的光亮，像夕阳下平静温暖的水面，适合划船、听音乐和……睡觉……

圆规是用来戳手背的吗？

我发誓那一刻我很想踹你一脚，可我太困了，竟然懒得动一下。直到你把耳机塞进我的耳朵。我太熟悉王菲的声音了，但我要怎么形容那一刻的感觉呢？还记得我刚说过的划船吧，那感觉像是我在划船听音乐睡觉时，忽然下了一场薄雨，但是我的船有顶，我有薄毯，那是星期六的下午，我的作业全都写完了。

你知道吗，这是我能想到的最令我舒服的场景。

我不那么困了，后来的半节课，我一直歪着头听歌，你那只又小又旧的MP3里是不是都是王菲的歌啊，简直是她的金曲串烧。难以想象，在智能手机人手一部的今天，你还在用MP3。

不过，看在它的分儿上，我可以减少一些对你的讨厌。

3

真不明白，为什么说话时看着对方的眼睛就算礼貌，难道不会脸红吗？反正我会。对啊，好像那节课过后，觉得你比以前好看了呢。

所以，就让我们安安静静地用纸条来沟通不好吗？可你偏不，一定要认为这样会耽误你宝贵的时间。真是好笑，你都是我同桌了，还有比这更耽误你时间的事情吗？

可是，我是一个自律的坏学生，只能由我带坏别人，要是被谁影

我不再追逐别人的光芒

响了，说出去多丢人。所以我拒绝跟你说话。后来你每天都带不同的杂志和漫画书，还摆在那么显眼的位置上，简直是恨不得摆在我眼皮子底下嘛，要命的是，都是我喜欢看的。

"喂，给我看。"

我臭着脸跟你说话。可你很痛快地就递给我了，这让我觉得我好像有病一样，而且是一个有病的校园恶霸，看着你伏在桌面上小憩的样子，忽然觉得你是一个很可爱的人呢，我开始想和你聊聊天。所以，现在你知道我跟你说话的原因了。别误会，我只是想让自己心安理得。

可是要命，聊起天来怎么觉得平时那个木讷的你居然懂这么多，也不知道你是真的懂还是在吹牛，反正没什么文化的我觉得你好厉害啊。

很久之后，你问过我为什么不爱说话，因为我想听你多说一点儿啊。

4

从今以后我们就是哥们儿了！

我因为太矮够不到你的肩膀，所以只好尴尬地拍拍你的胳膊。

那天你送给我很多漫画书，重得我连单车都没办法骑，最后是你陪我慢慢推着走回家的。

"你以后想去哪儿呢？"

为避免冷场，也是表示对你的感激，那天我一直在说话，絮絮叨叨个没完。你说，我讲话时的表情很有趣，整个人看起来好像在面对着万千观众说单口相声。

真是没见过这么形容女生的。可你是很认真地在说，眼睛看着我一眨不眨。我的心好像漏跳了一拍，然后开始不受控制地狂跳起来。

那时天边泛红，我突然想起小学课本里的火烧云，我在想，火烧云布满天空的时候，会不会映得人脸也红彤彤的。

"明天……要不要去广场玩？"

快到我家门口的时候，你吞吞吐吐地问我。

"有什么好玩的？人又多又挤，到处都是跑来跑去尖叫的小孩子，吵死了，还那么热。"

不知道为什么我变得那么挑剔和唠叨，那一刻简直就是在用生命去吐槽广场。天知道我啰唆的原因，因为还想和你再说一会儿话，而且你不知道，不管我说什么，有多懒，有多讨厌人群，我最终还是会去的。

"那……不去了。"

你低着头的样子真的很好笑。你抿着嘴巴，左脸漾出一个浅浅的酒窝，明明很好看的一个男孩子，为什么我就是觉得你特别好笑呢。我觉得我的嘴巴不受控制地咧开很大，好像露出了十颗牙一样，会不会很傻啊。

"那明天你来找我吧。"

我捂住嘴巴笑道，进家门之后跟你道了别。这个算是约会吗？我抵在围墙边摇摇头，觉得自己变得很矫情。那一时刻你不知道的是，如果你回头，你会发现我正踩着墙角的杂物在围墙边探出头掩在树叶里偷偷看你。

5

晚上我在一个公众号里看到一个话题：谈谈你的少女情怀。你的身影瞬间出现在我的脑海里，我抱着手机傻笑了一阵后突然意识到了这其实是一件糟糕的事情。以前我还是有点儿讨厌你的，但是看在王菲和漫画的分上，觉得其实你是个不错的朋友，可是现在……我总是容易想太多。

你不知道，我是多么纠结地睡去，起床，吃早饭，早早收拾好自己，还穿了一条裙子。我希望，当夏天的风吹来时，你会在我旁边想，嘿，这个女生不像看起来那样啊。

　　然后我听到很规矩的敲门声，我当然知道是你来了。我没有飞快地跑出去，而是慢悠悠地尽量让自己看起来像一个淑女一样走出去。我想给你留下好印象呢。

　　要命的是广场的人真的很多，以及让我担忧的跑跳的小孩子，他们在跑的时候绕过我，并且把我推向喷泉，幸好你眼疾手快拉住了我，不然我的裙子真是遭殃了。

　　那时我没意识到我们牵在一起的手，也没有想很快松开，喷泉在这个时候升得老高，我看见你眼里的笑意，我猜，我眼里的也藏不住吧。

　　这个夏天，我开始无比期待起来。

喜欢这件小事，从不敢和你说

洪夜农

你有没有想过有一天，自己喜欢的小众歌手会突然火起来？那么，如果他站在你面前呢？在你心中被奉为天神，遥远又不可亵渎，好像在梦里吻到他都会让你如履薄冰，战战兢兢地笑醒过来。

高中时，我喜欢一个少年，印花衬衫牛仔裤是他的标配，忧愁时候听他写的歌，曾经是我上学的全部动力。

那个时候我竟还不知他的名字，只是在刷题到了焦头烂额之际，从漫天飞舞的理综试卷中偷偷抽身，轻哼起一段慢悠悠的旋律，黑色记号笔在层叠的白纸上印下密密麻麻的少女心事。

我向来是没有什么音乐细胞的，听歌也不过只是一种缓解疲劳的方式，因而，我平素从不记一首歌的歌手是谁，只会在某刹那觉得这句歌词糅进我心里，或是它的旋律久久萦绕在耳边。

可我竟出其不意地把他摆在了心尖最显眼的位置上。

他叫赵雷，我心中干净如斯的少年拥有全天下最迷人的嗓音。

"我忧郁的白衬衫，青春口袋里面的第一支香烟，情窦初开的我，从不敢和你说。"这个男生应当是很懂女孩儿的，人说养蛇捏七寸，他的歌声就是有这样一击即中的力量，沙哑干净得恰到好处，歌词里的故事总能巧妙地引起共鸣，旋律轻而易举地俘获一颗颗少男少女的心，可又不知怎的，他的名字却好像始终无人问津。所以在大冰在书里写过他的故事后，许多歌迷在他身后拥护着，叫嚣着——"赵雷不红，天理难容"。

民谣到底还是太小众了。纵使他进过《快乐男声》前二十强，哪怕刘欢在《中国好歌曲》上怒赞他的词是"神来之笔"，他还是没有受到太多的关注。换句话说，又是他自己趋从于太过简单的生活，就这样窝在北京的胡同里写歌，用独立创作的音乐打动他人，他总是这样我行我素，绝不是一个会轻易丢掉初心的人。

高三下学期选择艺考的我，除了学习，还要奔波在各个城市院校之间，再也没有闲暇去细细琢磨一首歌。那个时候，我几乎要将赵雷的名字淡忘，只是有时会在某个午后被熟悉的歌声吵醒，恍惚间按掉闹钟，勉强容许自己心神荡漾一小会儿。我告诉自己，一分钟，真的只要一分钟就好……这样发呆，渐渐成为释放压力的最好方式。

没钱更没有时间去听歌、看电影，更别提什么音乐节签售会，这些对于紧张备战的我，本身就是遥远的奢求，而在那个特殊时期，我根本来不及挣扎。

后来啊，万人瞩目的高三终于呼啸而过。

我不想说高考发挥得如何，也不愿再谈及高中的过往，只是不经意地发现，我在自己终于可以开始继续抱着少女心追随他的时候，快要丢掉了做少女的所有感觉。

再说回到雷子身上，鉴于暑假对他微博、贴吧的研究，我总结出，他真的实在不像个偶像。万年不变的印花衬衫加牛仔裤，黑色马丁靴。话不多，身上带着暖暖的冷意，性格随和好相处，就是一个普通的老北京青年，追梦途中受伤难过，但始终坚持着理想。

高中首次"触电"吉他谱曲的雷子，独自在北京的地下通道唱歌；高考结束的他放弃进入大学的机会，选择继续做独立音乐人；"快男"上的他初次入镜，腼腆得连开场舞都没跳完就匆匆离场；他在采访里羞涩地微低垂着头；在"好歌曲"里，他抱着自己最钟爱的作品《画》诚挚地歌唱；《歌手》上的他专注于每个人的歌声和舞台效果，评价里没有一句多余的奉承恭维。

这些年来，雷子带着他清淡质朴的特质行走江湖，他任性地保持着孩子的纯真，歌词足够真挚，早已习惯平实的白描，曲调里浓得化不开的率直，是他一直都在坚持的个性。

我有些迷恋他沙哑且干净的嗓音，如同他偏执于原创音乐一般，像极了一个饱经风霜的老者在缓缓诉说一件件尘封已久的往事，可他偏偏是个带点儿痞子气的年轻男人，在舞台上抱着吉他的模样就是个痴醉的小孩儿，这常常让我想起来就觉得非常有趣。

有时候我告诉自己，我长大了，要把对一个人的心驰神往，偷偷藏起来。这样啊，好像他就只能是我一个人的雷子了。

直到有一天，赵雷在"我是歌手"上作为补位歌手因一首《成都》突围成功，唱哭了台下电视机前的男女老少。"和我在成都的街头走一走，直到所有的灯都熄灭了也不停留……"感动了无数听众，大街小巷都响起他原创的歌，好像人们这时候才知道，原来有个叫赵雷的人，可以把民谣唱得这么好听。我没脸说自己曾一心不二地追随他，却在心里真切地害怕他被粉丝消遣，被大众化、世俗化……甚至，我开始怀念起当初喜欢他的时候，我对他可能只有一些青涩的好感，那个雷子不温不火，却好像只把故事唱给我一个人听。

4月1日，雷子在郑州开演唱会，票价随着热度噌噌往上涨，我只犹豫了几分钟票就卖光了，我不知你能否理解我的绝望，就好像一个快要饿死的人眼睁睁看着蒸笼里的包子被一个个地抢光，或肉或素，各取所需，但谁叫我穷呢！

所以在早些知道武汉草莓音乐节的消息时，我毅然订下清明南下的火车票，这是我为见他所做的最后的挣扎。

我很清楚，自己情愿绝食七天换取他仅出场一小时的音乐会门票，却羞于在人潮汹涌的现场喊出一句最简单的——赵雷我爱你。

喜欢你本来就是我一个人的事，干吗非要让你知道呢？

我记得，女神高圆圆同样是雷子的小迷妹，我在微博上看到她见他空降唱《成都》时，捂着脸微笑的视频，我一边抹泪一边告诉自己，唯有和他站在一样的高度，才能换来那个对等的拥抱。

没错，当你喜欢一个偶像时，你和他是绝对平等的。

至于未来，又有谁能知晓呢。

7℃的风

米 程

之前，我更相信缘分。我以为，不期而遇是一场很美妙的缘分。

超市里，一次两次擦肩撞见，没什么印象。可第三次，视觉冲击猛烈了点儿。走进超市，一抬头，视线交织。我一怔，然后故作镇定地移开。一句话没说，甚至一脸呆滞，但感觉他就记得你。而我真的记起他。

……

后来，偶尔也能碰见几次。

但我想通了。学校就那么大，时间点就那几个，怎么可能不巧呢？

1

好吧，有闲情念叨这些，纯粹是因刚刚吞了一盒炒粉。之后，喉咙有点儿疼，我就顺手抄起桌子上的梨，洗了再啃。舍友说，梨润喉。

现在肚子有点儿撑。

一个星期，一个星期，在以看得见的速度行走着。

黄昏时，我们吃完蒸肠粉，在洗手台感叹了一句，这个星期都干了什么呀？然后微微嘲笑了一下自己。

中午和舍友早早地去饭堂吃饭。吃完后，舍友依惯例买酸奶。拐进超市前，不小心瞥见了他。穿着浅棕色外套，搭配休闲裤，在超市外边打电话。阳光特别的温和，是那种，即使你处于尘土飞扬，也还能让你如沐浴于清新花海的温和。

买了一个菠萝包，付完款出来，懵懵懂懂中，与打完电话的他擦肩而过。夹克外套质地很好的样子，等我意识到位，轻轻转头。他已走向超市……

这个星期，只有十六节课。每天早上都不需早起。

大多数时候，我不屑于精确地回忆总结这些琐碎，在我的意识里，全都是一个大概的轮廓。它不影响我的schedule就好。或许正是这赶不上饭堂早餐的作息让我一次又一次与他在超市相遇。

偶尔几次，还幻想着，以后和他在一起的时光。一起吃饭，一起走路，一起看电影。想想都觉得太美好，美好到没可能。

可就算没可能，早餐还是得吃是吧。换了睡衣，随便弄弄头发，套上棉拖就出门了。这种表面上丢掉牵挂，洒洒脱脱的样子竟神奇地带来满身的轻松。愉悦的步伐可以看出我心情还不错。

只是，意料之外，邋遢的样子再一次被他撞见了！Oh my god！不就买个早餐吗？抬头的那一个目光，眼神交织的刹那，我蒙蒙地赶紧拐了个弯，绕到面包区。我知道那一刻，我依旧是谜之淡定脸，似乎看不出任何情绪。这种感觉真不好，像考一场重要的试，像打一场护城之战，心跳得无比快，那几秒除了紧张就是紧张。期待内心跳动的波澜被破解，却又默默地缩回去当个隐身人。

之前，舍友曾问我，想不想在这个年纪谈一场恋爱？

我当时的回答是，不太想。

她很诧异。我说，可能更贪恋一个人的自由自在吧。

所以，现在是怎么了？抽风了吧。照照镜子就知道什么是有可能的，什么是不可能的。

2

日子一天又一天流转，逛超市的爱好依旧。

在面包架前徘徊了几回，拿起了新品。还不想那么快回去，便在每排零食前走马观花。无意间瞥到收银台，心一紧，他怎么在那里？

该不该去结账，现在去，还是等等？

管他三七二十一，所剩不多的理性催促我不要像只无头苍蝇般瞎转，径直走向收银台。

前边还有一位年迈的奶奶在结算购物车。他认真而恭谨地教那位奶奶刷一卡通，我光明正大地看了他一眼，动作尽量平常得像一般人都会好奇地望望那样。

我屏住呼吸。他的手指纤长有力，小心地接过我的东西，绅士而有礼。那一刻，多期待我们之间有故事。

"积分卡号？"

"0095。"

"0095？"

"是。"

他简单的确定都让自己内心那片草原轻轻地刮起了风，哗啦哗啦地盛开出一朵朵花。

"你的积分很多了，有空可以携带卡过来换购。"

"那……有哪些商品支持换购？"作为一个生活在这个学校两年，以及常常在这个超市购物的学生，具体换购情况我当然了然于心。

我只是刻意为了多和他说一句话。

"你看，这一排都是。"他指了指背后满满当当一墙的商品。

我探头望了望，微笑着说："好，谢谢。"

不敢破坏作为陌生人之间的友好，不敢奢望他的哪怕一点儿关注和喜爱。这是我保护一份感情的无比笨拙的方式。

不过这样真不好啊，我再也不敢随心所欲地去超市买那些膨化零食。心绪高低起伏，像坐在颠簸的自行车后座，激动有时，低沉有时。可能去超市去得很勤快，也可能一个星期都很难闪过一个身影。

是不是对我来说，喜欢一个人，从来就不是占有他。我依然过着我淡如水的生活，上课放学吃饭。停顿又继续前行，一步一步。

一直到某天，8点多，醒来。清洌的阳光透过窗户，门缝，径直跑进来，在我的被子上撒泼打滚。似乎，一切重新涂上一层暖橙明亮的色彩。

也拾起了另一个爱好，我一直梦想着给喜欢的人拉琴。好几个晚上都冒着小冷风来回。时间把握不准，有时候脚步紧凑，有时候一步恨不得走得如小乌龟。车站等车时，一辆又一辆车疾驰，我耐着性子低下头查找资料打发时间。

"Hey！"

我抬起头，一个面容模糊的男子，骑着摩托车在我反应的几秒内远离了我，却也戏谑地回头望了望我。

"神经病啊！"我无奈地在心里面喊了一下。

眼睛随时注意着那辆车，生怕那个人过来调戏我。要是他过来，我就跑到对面的小饭馆。还好那个人走了，真是莫名其妙。一股窝火悄悄燃了会儿，然后自动熄灭。

气温7℃，我没有继续看手机，只是抱紧了手中的包。这时一辆白色小轿车停在了前面，也着实吓了我一跳。事后想了想，这是公交站台，停车也很合理。

我向前移动了几步，要是出来的是坏人，我就跑。

然而，我多虑了。

看不清车里的人，只见那人在车里磨蹭了几秒后，才打开了车门。

单纯为了摸清敌情，我看向了从车里出来的人，一身简单的运动装。

心跳一滞。

是他吗？是吧。

不是我故意地盯着他看，只是想看清眼前的这个人是不是他。他回过头看我，竟笑着跟我打招呼："嗨，0095。"

瞬间被他这句话逗笑了。

"这么晚了，去哪里啊？"

"练琴。"

"这样啊，注意安全。"

"好。"

冬至又至，今天之后，白天会越来越长。他转身走了，我也没有回头，收起手机望向前方的车流，等着延迟的公交车。原来，他还记得我。夜晚，像是换了装，不再是行走道路间的地狱使者，反倒成了散发着魅惑气息的鬼怪。

脑海一直荡漾着他的笑容，几秒前看向他时他给我的帅气又开心的笑。好迷人的笑，太久没收到这样的笑容了。一个学期都快过去了吧。

如果是在小说里……我就给我们一个故事了。

头顶的树叶在大风中猛烈地摇摆。想了很久很久，相对缘分，我更青睐有意为之，更偏信彼此重合的日程表。如果我不敢踏出那一步主动去追求，那我选择避而不见。

是啊，戒掉那个时间点去超市，降低去超市的频率。

我还喜欢他

木 球

1

我这个人爱好不多，一只手就数得过来，其中之一就是喜欢一个人在街上闲逛，如果来点儿雨那就完美了。

这天吃完饭后洗把脸就踩着拖鞋吧唧吧唧地出门了。

灯红酒绿，蒙蒙细雨，车来车往，对面的老唱片店还放着Beyond的《喜欢你》。突然觉得再无他求。

我打着我的七色伞，按着节拍踩着湿漉漉的路面。

吧唧，吧唧。

绿灯亮了，看见一对情侣牵着手从对面款款走来，我眯了眯我的近视眼，突然不确定起来。十秒后他们走近，却又觉得本该如此。我冲他们一挥手，再不看一眼冲到对面。

吧唧，吧唧，吧唧。

2

我压了半天的马路，从Beyond听到张信哲，再到身后的铁门"哐嘟"一声关上。我扶着腰站起来，随手把厚厚一沓广告纸扔进垃圾桶。

回家的时候，对着手机响了半天，觉得还是应该表示一下老同学的关心，于是点开他空间的留言板。我说："学霸，我是看错了吗？"他秒回："没有看错。"我打个哈哈："学霸，你让我们天天吃狗粮真的好吗？"

我在黑暗中一次次按亮屏幕。他没有回，可能是觉得跟我聊天太没营养又或者在跟他的小女友秀恩爱中。我宁愿他去睡觉。

正好沫沫发来消息："你知道你这次考多少名嘛。""嗯？"我一下子来了兴趣。"八十九名！啊啊啊你这家伙怎么一下子进步这么多！"

跟沫沫唠完嗑已是半小时后的事了。我看了一眼任务栏，没回。手机一扔，睡觉。

3

第二天沫沫还是一脸无比幽怨无比哀愁无比仇恨地看着我。那谁谁说过，最好的安慰方法就是把自己搞得更惨。

我说我昨晚去溜达……

沫沫白了我一眼。在她看来这是非常不齿的爱好。

"看见骆航和他女朋友了。"

……

我没有开心，相反是深深的失落，因为我从他眼里看到的，不是喜欢。

沫沫揉乱我的长发，狠狠地骂他眼瞎。

我翻个白眼拍掉她不安分的手。

我没有伤心，只是有点儿郁闷。

三年了，一下子就过了三年了呢。我从一个毫无光彩的丑小鸭变成如今说不上万丈光芒但也有人瞩目的模样，身边的人在变，自己也在变，环境在变，情绪在变，唯一不变的，也许除了家人和沫沫，就是那颗不断追求的心了吧。当初所有人都说我配不上他的时候，我真的用尽全力去变得足够好争取跟他并肩的机会，但最后我还是没有争取到。

我想了很多很多，很久很久，华哥忍不住瞪了我好几眼，我却不想定睛在五花八门的板书上。

回忆好像一开闸就停不住。

初见面时我还是个剪着齐刘海儿短发、咋咋呼呼、呼朋唤友，常被问路的大叔大妈喊着"依弟"（福州一带对年龄较小的男性的称呼）的女孩子。而他呢，白白净净，皮肤好像在牛奶里滚了一圈。我那时第一次觉得比一个男孩儿还黑还闹腾是一件很丢脸的事。

再后来因为几个朋友的关系，我俩也稍微熟了起来。

一下课就举着错题本追着问："嘿学霸，这题怎么做呀？哎呀我忘了，哈哈哈！"他就会默默放下笔，认真地看起来。我在一旁支着脑袋看着他越来越紧的眉头，修长的手指飞快地运算着，偶尔被他瞪一眼：你这找的什么破题！

就是破题才会有问你的机会啊，才会有一起相处的时候啊。

……

4

时间过了那么久，我却坚信那就是昨天。

"你上辈子一定姓玛名丽苏。"沫沫做了一个抖鸡皮疙瘩的动作。

"那玛丽苏上辈子一定毁灭了银河系，这辈子才遇见了你！"我给她一个爆栗子。

5

其实从一开始我就没有意识到我为什么喜欢他。

因为他会给我讲题？因为他长得白？

这说出去我都不会信。

但这就好像你偶尔一次回头却在茫茫人海中一眼就看中的那个人一样，他不高不矮不胖不瘦不浮夸也不矜持，或许和你的标准差了十万八千里，但你却再也不想移开你的视线。

起码在那个时候，你的眼里只有他。

可能这就是传说中的"一见钟情"吧。

我从书架底抽出日记本，拍拍灰尘。

我说，好久没写了，笨笨你想我了吗？

我说，想出去嗨嗨嗨，奈何还要补习。

我说，想剪个短发，奈何怕遭万人吐槽。

我说，想热爱学习，奈何最近上了好几部大爱的电视剧。

我说，昨天溜达时看见那谁和他女友了，奈何在这个没有结局的故事的最后，我还喜欢他。

163

我不再追逐别人的光芒

我的青春，也不是没伤痕

惟 念

1

说两件发生在冬天的故事。

2

高二开始写作，对电脑知识了解甚少，不懂如何在邮箱中添加附件，也不会调节文档的行间距。

巧的是，班级里有另一位爱看书写字的女孩儿，某个阳光灿烂的中午，她提出要教会我发邮件、熟练使用word时，我感激得不知如何道谢。

"不过，你要请我去上网，我才肯教你。"

我爽快地答应了，没想到的是，在网吧里她总是动作飞快，我甚至来不及记下上一步点了哪个按钮，她已经做到了下一步。我追问，她便不耐烦地批评我笨，嫌弃我打字速度太慢。

内心满是羞愧，更多的是委屈，因为中午不回家吃饭的我，已经把所有的零花钱都拿来上网了，而她只愿意花三分钟的时间教我，然后便自顾地打游戏。

有一次偶然看到她和别人传的纸条，上面写着我的名字，还有一句至今忘不了的话：就她写的那些酸不拉叽的东西，永远都不会发表。

眼眶酸涩，像是有一场大雨要落下，但在嘈杂的教室里，我忍了又忍，最后故作轻松地自嘲："她说得没错，我就是少女心爆棚的人，写出来的那些琐碎情绪，应该也没人爱看。"

3

不被看好的青春，灰头土脸泯然众人矣，对未来充满向往，又恐惧着高考的压力。家庭的变故是压垮我的最后一根稻草，于摇摇欲坠的关头认识了C，年纪轻轻在合肥新东方任项目主管的英语老师。

冲动告白遭到拒绝后，对方几乎切断了和我所有的联系，彼时在想，世上怎么有学识如此丰富的人，他的大脑里到底储存了多少信息，才能在讲台前滔滔不绝地连讲四个小时？

是爱慕也是崇拜，想要靠近，汲取一些温暖。

但发出的消息石沉大海，空间对我锁闭，只有博客还能了解到他的近况。于是注册了一个ID，不想学习了就点进去看看，会仔细阅读文章底部的评论，总害怕发现他恋爱的迹象。

高考前的一个下午，我在公交车里昏昏欲睡时，电话忽然响起来，接通后竟然听到了他的声音。

一番寒暄后，他说："你不是喜欢写东西吗，那就好好加油，希望有一天我可以在杂志上找到你的文章。"

这句话，被我写下来，贴在了课桌前，每天上学放学都会轻声读一遍，双手捂着那颗怦怦跳动的心，暗暗发誓一定要成为闪闪发光的人，早点儿让他读到我写的故事。

如果说在此之前对自己的要求是努力，那这通电话之后，就是非常努力。

我记得那些节省下午饭钱的冬天，我在空气污浊的网吧里，对着电脑屏幕一个字一个字地誊写纸上的内容。也记得投稿后等待回复的焦急和无助，以及被拒绝甚至杳无音信的沮丧。

想要的东西在第一百座桥上，那前面的九十九座都没法跨过，只能咬紧牙关，告诉自己再多坚持一下，情况也许就会逆转。

4

这个冬天，我又听到那个女生对我的评价。

"朋友圈里岁月静好，一定是故作深沉地假装。"

偶尔一条消极的动态，在她看来也是只会抱怨，完全没有上进心。

我非常想冲到她面前，质问她为何这样刻薄，明明我们已三年未见，怎么劳烦她大动干戈地评头论足。

消息发了几轮后，我问："所以，你就是想继续跟我做朋友对吧？"

"是。"

"那为什么不直接约我出来，当面指责我对这段关系的疏离，而是在背后说些无聊的东西呢？"

"你了解我的，我才不愿意让自己显得低声下气。"

这样的理由让我失语，一周后请她吃了午饭，回家的路上她问："你会打麻将吗？"

我摇摇头，她又问："我教你吧，斗地主呢，会不会？"

"不会，我业余生活很单调，只爱独处。"

临下车前，她说："我吐槽你这件事到底是谁告诉你的？我要去找他！"

听着她的"愤愤不平"，我彻底意识到，两个人是无论如何也做不成朋友了。

在《中学生博览》写的第一篇专栏，内容和那位英语老师有关，我终于实现了十八岁那年许下的愿望，所以想要把杂志寄过去给他看。通过QQ发消息给他的妻子，对方提供了地址，并许诺我到重庆后，他们会带我吃最正宗的火锅。

我端端正正写了一封信，夹在杂志中一同寄出，两天后收到快递公司的电话。

"惟念是吧，你寄去重庆的那份快递退回了，原因是对方拒收。"

我失落不已，原本惴惴不安的欢喜，通通化作结结实实的气馁，兜头而下。我沉默地握着电话，想哭又想笑，末了安慰自己，算了吧，算了吧！

6

2016年的冬天，我仍在为杂志供稿，并因此认识了一些有趣的作者朋友。站在讲台上投入地教授英语，也会受到外籍同事的表扬，称赞我口音漂亮。

青春期里的那些遗憾酸楚，对我的影响几乎为零，不再恋旧，也不试图和疏离的故人恢复联系。

开始明白并接受，生活这条大河有着不动声色的力量，它让一些人留在原地，又把另外的一群人带去更远的地方。

有一个迟迟无法入睡的深夜，我在微博上看到一段话说：你被珍藏过，也被放弃过，被反复观看，也被寻觅，被一眼掠过，也被视而不见，可这都与你无关。你好或者不好，关乎望过来的人和眼，那评价来自他的世界，你只需要完成你确认的自己。

我不再追逐别人的光芒

一瞬间，有泪水在眼眶里打转，眼前像是出现了十八岁的那个自己，她敏感又骄傲，倔强又自卑。但我多想伸出手来抱抱她，感谢那些不算温柔的岁月里，因为不放弃，才来到今天的境地。

每一回收到《中学生博览》读者发来的信息，询问不被暗恋的人喜欢、梦想不被家人支持，甚至因为功课的生涩难懂而想退学时，我都会一遍遍地重复：因为成为更好的人，所以才会遇见同等优质的灵魂。那些不珍惜不看好你的人，他们原本也就没有义务按你想要的方式来回应，所以我们才要全力奔跑，为自己添加更多筹码和底气。

人要有把自己从淤泥中拔出来的力量，也要相信自己，总有一天，会以翠绿的方式，钻出地面。